Martin Marquardt
Original oder Fälschung?

Martin Marquardt

Original
oder Fälschung?

Restaurierte Möbel bewerten
Plagiate erkennen

BATTENBERG

Die Deutsche Bibliothek - CIP-Einheitsaufnahme

Original oder Fälschung? : restaurierte Möbel bewerten, Plagiate erkennnen /
Martin Marquardt. - Augsburg : Battenberg, 1998
 ISBN 3-89441-402-2

BATTENBERG VERLAG, AUGSBURG
© 1998 Weltbild Verlag GmbH, Augsburg
Alle Rechte vorbehalten.

Lektorat: Gert Schröder
Layout: Konturwerk, Rainald Schwarz
Gesetzt aus der Sabon und Univers
Umschlaggestaltung: Konturwerk, Rainald Schwarz
Reproduktionen: Repro Mayr, Donauwörth
Druck und Bindung: Appl, Wemding

Gedruckt auf umweltfreundlich chlorfrei gebleichtem Papier.

Printed in Germany

ISBN 3-89441-402-2

Inhaltsverzeichnis

Vorwort   7

1.   Was bedeutet Originalität?
1.1   Begriffliche Annäherung   9
1.2   Alterungsspuren beurteilen   14
1.2.1   Der Werkstoff Holz   14
1.2.2   Veränderungen der Oberfläche   18
1.2.3   Zur Problematik der Beschläge   29
1.2.4   An der Konstruktion erkennbare Alterungsspuren   38
1.2.5   Durch Gebrauch verursachte Alterungsspuren   48

2.   Erscheinungsbilder historischer Möbel
2.1   Erläuterung der Problematik   55
2.2   Heruntergekommene Möbel   56
2.3   Stilistisch und funktional veränderte Möbel   60
2.3.1   Modernisierte, umgearbeitete Möbel   60
2.3.2   Kombinierte Möbel   64
2.4   Überrestaurierte Möbel   66
2.4.1   Begriffserklärung mit allgemeinen Beispielen   66
2.4.2   Geschichte eines überrestaurierten Möbels   73
2.5   Resümee   78

3.   Verantwortungsbewußte Restaurierung
3.1   Problemstellung   79
3.2   Anforderungen an den verantwortungsbewußten Restaurator   79
3.3   Zur Praxis verantwortungsbewußter Möbelrestaurierung   82
3.3.1.   Grundsätzliches   82
3.3.2   Untersuchung   82
3.3.3   Konzeption   83
3.3.4   Restaurierungsmaßnahmen   83
3.4   Möbeluntersuchung und Entwicklung einer Restaurierungskonzeption
         am Beispiel der Schreibkommode von Friedrich Schiller   84
3.4.1   Zur Geschichte des Möbels   84
3.4.2   Allgemeine Beschreibung   86
3.4.3   Verwendete Materialien   87
3.4.4   Konstruktion   88
3.4.5   Schließvorrichtung   90
3.4.6   Schmuckelemente   91
3.4.7   Beschläge   92
3.4.8   Zustand der Schreibkommode   93
3.4.9   Frühere Eingriffe   95
3.4.10   Restaurierungskonzept   98
3.5   Restaurierungsmaßnahmen zur Wiederherstellung des ästhetischen
         Erscheinungsbildes   99

4.   Möbelfälschungen

4.1   Abgrenzung zwischen Restaurierung und Fälschung   108

4.2   Spuren moderner Holzbearbeitungsmaschinen   109

4.3   Neuschöpfungen unter Verwendung originaler Möbel oder Möbelteile   112

4.4.   Zum Stellenwert von Rekonstruktionen   122

4.5   Komplettfälschungen   126

4.5.1   Die »Angebotsstrategie«   126

4.5.2   Die »Produktstrategie«   130

4.5.3   Komplettfälschungen erkennen   132

Anhang

I.   Was Sie beim Kauf historischer Möbel beachten sollten   147

II.   Was Sie beachten sollten, wenn Sie ein Möbel restaurieren lassen wollen   149

III.   Erklärung technischer Fachbegriffe   149

Vorwort

Auslöser, dieses Buch zu verfassen, war eine für mich ganz neue Erfahrung in meiner Praxis als Möbelrestaurator. Ein üblicher Auftrag erwies sich plötzlich als ganz besonderer Fall.

Bei dem Objekt handelte es sich um ein scheinbar sehr schönes Barockmöbel mit aufwendig marketierter Oberfläche und allen Anzeichen originaler Substanz. Während der Arbeit an dem Möbel stellte sich allerdings heraus, daß aber auch gar nichts an ihm echt war, es sich vielmehr um eine komplette Fälschung handelte. Sie war so gut gemacht, daß es der fachmännischen Analyse bedurfte, sie zu entlarven.

Nachdem ich den Fall in einer Fachzeitschrift publiziert hatte, fragte mich der Battenberg Verlag, ob es nicht angebracht sei, das Thema in Form eines Buches weiter zu vertiefen. Die Grundidee für dieses Buch war also, ein ausführliches Werk über Komplettfälschungen zu verfassen. Bei den Überlegungen zur Darstellung des Problemfeldes wurde aber schnell klar, daß der Themenbereich erweitert werden mußte. Es ist ja schließlich nicht so, daß es nur echte oder falsche alte Möbel gibt. Zwischen diesen beiden Polen gibt es vielfältige Abstufungen, die von der Überrestaurierung bis zur Verfälschung reichen.

So ist nun ein Buch entstanden, das sich nicht nur an den Käufer historischer Möbel richtet, der davor bewahrt werden soll, durch Fälschungen betrogen zu werden. Ansprechen möchte ich eigentlich alle Menschen, die gerne mit Möbelantiquitäten leben, wobei ich unterstelle, daß solche Stücke nicht nur deshalb zuhause aufgestellt werden, weil sie besonders schön oder wertvoll sind. Durch ihre Ausstrahlung beschwören sie vielmehr Vergangenheit herauf, nämlich »... Generationen von Menschen, eine ganze Welt von intimen und öffentlich bekannten Affären, Liebschaften, Mühen und Plagen, historischen Geschehnissen. Und jedesmal, wenn ein empfindsames, phantasiebegabtes Wesen so ein Möbel betrachtet, wird diese Welt von neuem lebendig.«

Auch wenn diese Sätze etwas pathetisch klingen, so treffen sie meiner Ansicht nach doch den Kern dessen, was den Reiz alter Möbel ausmacht, und damit sicher auch ein ganz wesentliches Motiv, das die Liebhaber solcher Möbel bewegt. Das Zitat stammt von André Mailfert, von dem wir im Kapitel »Möbelfälschungen« noch mehr hören werden. Wenn wir der Aussage Mailferts folgen, wird klar, daß es bei alten Möbeln darauf ankommt, ihre geschichtliche Aussagekraft zu bewahren. Genau dies bildet den roten Faden, der sich durch mein Buch zieht.

Das Buch ist also ein Leitfaden, der es dem Leser ermöglichen soll, ein Möbel im Hinblick auf seinen jeweiligen Zustand – vor und nach einer Restaurierung – besser beurteilen zu können. Dementsprechend ist das Buch auch gegliedert: Zunächst wird mit Hilfe des Begriffs der Originalität gezeigt, welche Alterungspuren die Zeit an historischen Möbeln zwangsläufig hinterläßt. Im zweiten Kapitel werden Restaurierungsmethoden vorgestellt, die den Charakter alter Möbel mehr oder weniger unzulässig verändern. Diesen Eingriffen werden unter dem Stichwort verantwortungsbewußte Restaurierung im dritten Kapitel Maßnahmen gegenübergestellt, die unter konservatorischen Gesichtspunkten richtig sind. Abschließend wird an Fällen von Komplettfälschung gezeigt, mit welchen betrügerischen Mitteln Originalität leider immer öfter vorgetäuscht wird.

Mit der Vermittlung der Einsicht, wie empfindlich alte Möbel sind und wie leicht es ist, schwere Restaurierungsfehler zu machen, verbinde ich die Hoffnung, daß der informierte Liebhaber solcher Stücke sein Wissen sinnvoll nutzen kann. Sei es, daß er als Kunde die richtigen Anforderungen an angebotene Möbel zu stellen vermag, oder sei es, daß er bei anstehenden Restaurierungen die Sachkunde des Restaurators beurteilen kann.

Gerade die Restaurierung ist ein sehr heikles Thema. Wenn in Zukunft aber mehr Möbel restauriert und nicht nur renoviert werden, dann hat dieses Buch seinen Zweck erfüllt.

Besonders danken möchte ich meinem alten Freund und langjährigen freien Mitarbeiter Klaus Finger, ohne den dieses Buch so nicht entstanden wäre.

Martin Marquardt

1. Was bedeutet Originalität?

1.1 Begriffliche Annäherung

Originalität ist ohne Zweifel eine ganz selbstverständliche Forderung, die an historische Möbel gestellt wird. Man verbindet diesen Begriff vollkommen zurecht mit den Eigenschaften: echt, ursprünglich, einzigartig, unverfälscht und nicht zuletzt auch wertvoll. Doch der Nachweis, ob ein Möbel tatsächlich diesen und vielleicht noch weiteren Anforderungen entspricht – Originalität also verkörpert –, ist wesentlich schwieriger zu erbringen, als es auf den ersten Blick scheint. Es handelt sich hier eigentlich um das zentrale Problem, das im Grunde bei jedem Antiquitätenkauf auftaucht. Die Frage nämlich, ob ein Objekt in diesem Sinne echt oder falsch ist, ist nicht nur für den Laien, sondern manchmal auch für den Fachmann schwierig zu entscheiden.

Wie nähert sich nun der Sammler oder Liebhaber historischer Möbelstücke der Antwort auf diese zentrale Frage? In aller Regel wird er sich vom äußeren Erscheinungsbild leiten lassen. Er wird die Konstruktionsformen, die Schmuckelemente, die Oberflächengestaltung, die Materialauswahl ihm bekannten Mustern zuordnen und demnach auch stilistisch einordnen. Seine Vorbilder bezieht er dabei aus eigener Anschauung durch Objekte in Museen, bei Auktionen oder im Kunsthandel. Auch wird er auf stilkundliche Werke zurückgreifen, die in großer Zahl im Buchhandel erhältlich sind. So wird er etwa einen barocken Schreibschrank danach beurteilen, inwieweit dieser dem gedachten Idealbild nahekommt, das aus bekannten Vorbildern entstanden ist.

Schreibschrank, barock
Diesen Schreibschrank, süddeutsch um 1740, kann man durchaus als vorbildlich bezeichnen, was typische Merkmale spätbarocker Möbel betrifft. Typisch sind die Schweifungen der Schubkastenvorderstücke im Unterteil wie auch im Aufsatz. Charakteristisch ist ebenso die verhältnismäßig strenge Gliederung. Im Vordergrund steht die durch verschiedene Holzarten gegliederte, marketierte Front. Die beherrschende Holzart ist Nußbaum in heller und dunkler Erscheinung. Die Adern sind, wie sehr häufig, in Zwetschgenholz gearbeitet und durch die helle Ahorn-Einfassung noch betont. Ein weiteres Stilmerkmal sind die, in diesem Falle originalen Beschläge aus Messingguß. Bemerkenswert ist auch der sehr schöne, gealterte, warme Oberflächenfarbton und der zurückhaltend glänzende Lack **1**

Klassizistischer Schreibschrank

Dieser Schreibschrank, um 1800, zeigt recht exemplarisch die Stilmerkmale seiner Entstehungszeit. Zu nennen ist hier zuerst der strenge architektonische, an antike Stilmerkmale anknüpfende Aufbau, besonders deutlich am Giebel des Aufsatzes, ebenso deutlich an der Gestaltung der Inneneinteilung des Schreibteiles zu sehen. Sehr typisch sind auch die messingvergoldeten Beschläge. Den Kontrapunkt zur strengen Durchformung des Möbelkorpus setzt die natürliche, lebhafte Oberfläche des hier verwendeten Birkenholzfurniers, das sicherlich mit Absicht in dieser teilweise wilden Maserung ausgesucht worden ist. Die Verwendung des Birkenholzes wie auch die Gestaltung des Aufsatzes geben in diesem Fall den Hinweis zur regionalen Einordnung des Möbels: Berlin, Brandenburg **2**

Die gleiche Einschätzungsweise gilt natürlich auch bei einfacheren Stücken, wie Stühlen oder Tischen, auch hier sorgen stilistische Merkmale für das Wiedererkennen von Vorbildern und bewirken ein Urteil über die Originalität des ins Auge gefaßten Möbels.

Der Begriff Originalität wird hier also durch den äußeren Eindruck als gegeben oder nicht gegeben angenommen. Doch ist ein Möbel tatsächlich als original zu bezeichnen, das allein die Anforderungen nach Stilreinheit erfüllt. Selbstverständlich kann diese Definition von Originalität nicht genügen. Denn ihr zufolge könnte auch ein geschickt verfälschtes Möbel als original gelten.

Deshalb ist es notwendig, den Begriff des Originals ganz eng und eindeutig zu fassen: Wirklich original kann ein Möbel nur sein, wenn alle Konstruktionen und sonstigen Bauelemente aus der Entstehungszeit komplett vorhanden sind. Ebenso darf die Holzoberfläche keine Nachbearbeitung erfahren haben. Zusätzlich müssen auch noch sämtliche Beschläge aus der Entstehungszeit vorhanden sein. Und weiterhin zu fordern wären in diesem Zusammenhang auch originale Ausstattungen wie Polsterungen oder Auskleidungen mit Papier, Textilien und Leder.

Truhe mit Tapete

Ein Beispiel für die sorgfältige Auskleidung einer Truhe mit Deckel, um 1760. Auch hier dürfte das Papier aus der Entstehungszeit der Truhe stammen. Es handelt sich um Vorsatzpapier aus der Buchbinderei, das aus mehreren Bögen zum Gesamterscheinungsbild zusammengesetzt wurde. Die Papierränder im Bereich des sichtbaren, aber nicht störenden Schwundrisses wurden gefestigt, jedoch nicht retuschiert. Bemerkenswert ist hier auch das Originalschloß mit dem am oberen Bildrand sichtbaren Schließhaken **4**

Tapete

Kommoden-Schublade, um 1800, mit noch sehr gut erhaltener Tapeten-Auskleidung. Nach dem Dekor zu schließen, handelt es sich um Papier aus der Entstehungszeit des Möbels. Um die Originalsubstanz nicht zu gefährden, wurde nicht versucht, die sichtbaren Flecken zu beseitigen. Die Oberfläche ist nur sehr schonend gereinigt worden. Die gelösten Papierkanten wurden gegen weiteres Ausreißen gesichert. Der helle, durchgehende Streifen zeigt die Oberfläche eines ausgeleimten großen Schwundrisses. Damit das eingesetzte Holz nicht zu sehr heraussticht, wurde es farblich dem Grundton der Tapete angepaßt **3**

Ohrenbacken-Sessel

Schlichter, formschöner Ohrenbackensessel, um 1810. Die mit Ziernägeln aufgebrachten Lederbezüge sind in ihrer Substanz noch vollständig erhalten, aber durchweg abgerieben, verschmutzt und an der Oberfläche etwas rissig geworden. Besonders zu beachten ist die Prägung des Leders auf der Rückenlehne, die unbedingt erhaltenswert ist. Nach Reinigung und pflegender Revitalisierung des Leders kann die Oberfläche wieder ansehnlich gemacht werden, ohne die historische Substanz zu gefährden. Ebenso ist der Sessel dann wieder bedingt benutzbar **5**

Im strengen Sinne dieser Forderungen wird man allerdings nur sehr selten originale Möbel finden. In der Regel handelt es sich dann um museale Prunkstücke aus höfischem oder kirchlichem Besitz, die nur wenig oder überhaupt nicht gebraucht in günstigen klimatischen Verhältnissen die Zeit überdauert haben.

Im Unterschied zu anderen Kunstobjekten wie Gemälden oder Skulpturen sind Möbel nämlich, durch ihren Gebrauchszweck bedingt, mannigfaltigen Beeinträchtigungen ausgesetzt. Ebenso hinterlassen Klimaschwankungen ihre Spuren. Was die Definition des Originalbegriffs betrifft, ist dieser Umstand jedoch keineswegs negativ zu bewerten, sondern führt uns im Gegenteil im positiven Sinne weiter. Denn diese Spuren sind es, die den Möbeln ihre geschichtliche Identität verleihen: sie erlauben den Nachweis ihres tatsächlichen Alters. Und so gesehen sind nicht einmal die oben angesprochenen Ausnahmestücke wirklich unverändert geblieben. Auch an ihnen haben sich, wie noch an Beispielen belegt werden wird, Veränderungen erge-

Herausgeklappte Schreibunterlage eines Schreibschrankes, um 1770

Die gerahmte Schreibfläche ist mit einem beschichteten Gewebe als Lederimitat belegt. Es ist nicht ausgeschlossen, daß es sich dabei um Ersatz für einen vormaligen Echtlederbezug handelt. Trotzdem ist es nicht empfehlenswert, diesen Belag gegen einen anderen auszutauschen. Denn auch wenn die Schreibunterlage nicht original sein sollte, prägt sie das gealterte Möbel doch ganz charakteristisch und bildet nun ein eigenes historisches Merkmal. Die störenden Blasen könnten ohne größere Probleme niedergelegt werden. Die Schreibfläche würde nach sorgfältiger Reinigung wieder harmonisch, aber trotzdem nicht wie eine Neuanfertigung wirken, was sonst der Fall wäre, auch wenn ein »wertvolleres« Material verwendet würde. Die nicht vollständig entfernbaren Gebrauchsspuren, etwa Siegellackreste, erhalten dem Schreibmöbel seine geschichtliche Identität und individuelle Ausstrahlungskraft, indem sie beweisen, daß es intensiv genutzt worden ist **6**

ben, die uns beweisen, daß sie tatsächlich so alt sind wie sie vorgeben. Das heißt also, wir müssen den Begriff des Originals neu definieren, indem wir die historische Dimension berücksichtigen.

Nach der theoretischen Festschreibung dessen, was unter einem Original zu verstehen ist, wollen wir uns nun den Indikatoren zuwenden, die in diesem Sinne den Nachweis des echten Alters eines Möbels erbringen können.

1.2 Alterungsspuren beurteilen

1.2.1 Der Werkstoff Holz

Daß ein Möbel sich verändert, liegt grundsätzlich am Holz selbst. Holz ist ein organisches Material, das sich im Grunde paradox verhält, denn es bleibt auch im toten Zustand immer »lebendig«. Das liegt an den biologischen Eigenschaften. Die wichtigste Eigenschaft dieses Werkstoffs ist, daß er hygroskopisch ist, das heißt, sein Feuchtigkeitsgehalt verändert sich analog zur jeweiligen relativen Luftfeuchtigkeit seiner Umgebung. Sinkt die relative Luftfeuchtigkeit, dann gibt Holz so lange Feuchtigkeit ab, bis es die entsprechend verringerte Holzfeuchte erreicht hat. Bei erhöhter Luftfeuchtigkeit nimmt es entsprechend Feuchtigkeit auf. Wie rasch sich der Feuchtigkeitsgehalt im Holz einer veränderten Luftfeuchtigkeit anpaßt, hängt sowohl von der Art als auch von den Abmessungen des Holzes ab. Überzüge und Anstriche auf dem Holz verlangsamen dieses Anpassungsbestreben durch Feuchtigkeitsaustausch, können es jedoch nicht verhindern.

Die Fähigkeit, seinen Feuchtigkeitsgehalt der Umwelt anzupassen, macht Holz gleichsam zur natürlichen Klimaanlage, und diese Fähigkeit nennt man das »Arbeiten« des Holzes: dadurch ändern sich nämlich Größe und Form des Holzes; es kann schwinden und quellen, sich werfen, verziehen und reißen.

Verformung von Möbelteilen
Dieser klassische Schreibschrank, um 1810, wurde vermutlich unter sehr extremen Temperaturschwankungen über längere Zeit gelagert. Starke Trockenheit und hohe Temperatur haben dazu geführt, daß sich die Teile, die nicht durch feste Verbindungen gesichert sind, stark verworfen haben. Besonders deutlich ist diese Erscheinung an der Schreibklappe und den unteren Türen zu erkennen. Dagegen blieben das obere Schubkastenvorderstück und die Seitenwände stabil. Interessant ist weiterhin, daß hier das heimische Birnbaumholz durch Rotfärbung einen exotischen Mahagoniton bekommen sollte. Ein Möbel in diesem Zustand kann nur mit ganz erheblichen Eingriffen in die Substanz in einen akzeptablen Zustand versetzt werden **7**

Stark verzogene Platte eines Kastentisches

Die fünf Zentimeter dicke Tischplatte aus massivem Birnbaumholz, um 1800, ist im Laufe der Zeit geradezu windschief geworden. Solche Verwerfungen kommen bei Obstbaumhölzern im Vergleich etwa zu Eichenholz häufiger vor **8**

Extremer Schwundriß

Auf diesem Bild sieht man ein sehr aussagekräftiges Beispiel für das Arbeiten von Holz. Der entstandene Riß verläuft quer durch die massive Seite eines in Stollenbauweise gefertigten Schreibmöbels im Zopfstil, um 1790 Anzumerken ist, daß massives Nußbaumholz besonders stark arbeitet. Auch die feste Verleimung mit den Stollen hat das nicht verhindern können. Im Gegenteil, die Stollenbauweise mit querlaufender Massivholzseite hat den Schaden begünstigt. Wenn, wie hier, eine feste Verleimung mit dem Stollen hinzukommt, muß das Holz an der schwächsten Stelle reißen, was schon sehr früh geschehen sein muß, wie wir an den als dunklen Streifen sichtbaren Auskittungen über dem aktuellen, helleren Riß erkennen können **9**

Schwundfuge im Schubkastenboden des Kastentisches (Abb. 8)
Im Gegensatz zum Schwundriß öffnet sich eine Schwundfuge nicht nach dem Faserverlauf. Durch Schwund lösen sich vielmehr die geleimten Stöße gefügter Bretter. Hier ist die Schwundfuge durch einen eingesetzten Holzstreifen geschlossen worden **10**

Schwundfuge in einer Kommodenplatte
In der massiven Eichenplatte dieser Kommode, um 1800, sehen wir das typische Beispiel einer Schwundfuge **11**

Holzwurmbefall an einer Schubkastenkante
Das Bild zeigt die teilweise abgesplitterte Oberkante einer Schubkastenseite. Durch Holzwurmbefall ist die Holzsubstanz vollkommen aufgelöst   **12**

Holzwurmbefall an einem Brettstuhl
An den kreisrunden Ausfluglöchern auf der Sitzfläche eines Brettstuhls ist das typische Erscheinungsbild eines Holzwurmbefalls deutlich erkennbar   **13**

Weil Holz ein organisches Material ist, ist es darüber hinaus nicht nur chemisch-physikalischen Veränderungsprozessen unterworfen, sondern auch biologischen Abbauprozessen. Durch zu große Feuchtigkeit kann es wegfaulen, was meistens mit Pilzbefall einhergeht.

Holzsubstanz kann aber auch durch Insektenfraß vernichtet werden. Hierfür verantwortlich sind die verschiedensten Insektenarten, deren Larven unter dem Sammelbegriff Holzwurm zerstörend tätig sind.

Aktiver Holzwurm
Ein Alarmzeichen für den Besitzer historischer Möbel. Hier ist der Holzwurm noch sehr aktiv und zeigt seine zerstörende Wirkung im Auswurf von Holzmehl   **14**

Substanzverlust

Auf diesem Bild wird deutlich, was geschehen kann, wenn Möbel längere
Zeit feuchter Umgebung ausgesetzt sind. Das an sich sehr schöne
Zylinderbureau in Nußbaumfurnier, entstanden um 1820, dürfte lange
Zeit unter ungünstigen klimatischen Verhältnissen gelagert worden
sein. Hier war es nicht der Holzwurm, der die Substanz teilweise vernichtet hat, sondern das Furnier der Seitenwand ist durch Pilzbefall
vermodert und teilweise völlig zerstört worden **15**

Zu erwähnen ist auch, daß Holz kein homogener Werkstoff ist. Es gibt harte und weiche Hölzer, Hölzer mit den verschiedensten Maserungen und den verschiedensten Farbausprägungen, und sie reagieren auf Umwelteinflüsse ganz unterschiedlich.

Gerade die unterschiedliche Erscheinung von Holz ist es aber, die den ästhetischen Reiz ausmacht und künstlerische Gestaltungsmöglichkeiten eröffnet. In diesem Sinne hat Holz ganze Stilepochen regional geprägt. So ist beispielsweise in der zweiten Hälfte des 19. Jahrhunderts in Deutschland viel Eichenholz verwendet worden, während der angelsächsische Raum Mahagoni bevorzugt hat. Schon sehr früh wurden die Möbelgestalter durch die verschiedensten Holzarten zur kreativen Gestaltung angeregt. Das Spektrum reicht von der einfachen Einlegearbeit bis zu den aufwendigsten Marketerien wie bei Barockmöbeln. Manchmal trafen bestimmte Holzarten ganz besonders den Geschmack der Zeit. Im Biedermeier waren es die hellen Hölzer wie Kirschbaum, Birke oder Ahorn. Auch für neuere Möbelbauepochen lassen sich hier prägnante Beispiele finden. So erlebte in den 50er und 60er Jahren Ahornholz in Deutschland eine Renaissance. Später schwenkte man dann wieder auf massive Eichenmöbel um und zur Zeit ist Erle ein ausgesprochenes Modeholz.

1.2.2 Veränderungen der Oberfläche

Wie schon eingangs erwähnt, wird der Eindruck, den der Betrachter von einem Möbelstück bekommt, vom äußeren Erscheinungsbild ganz wesentlich geprägt. Besonders wirksam sind hierbei die Gestaltung und der Zustand der Oberfläche. Das gilt grundsätzlich für alle Möbel, ob massiv, furniert oder bemalt. Dieses Kapitel ist insofern besonders heikel, als sich der unbefangene Betrachter ganz automatisch von persönlichen ästhetischen Empfindungen leiten läßt und Gefahr läuft, die Frage

nach Originalität gar nicht mehr zu stellen. Er sieht beispielsweise ein wunderschönes Möbel, das ihn von der ästhetischen Anmutung her vollkommen überzeugt. Nun kann es aber auch sein, daß er es mit einem Objekt zu tun hat, das sich bei näherem Hinsehen als verfälscht erweist und den Anforderungen, die wir an ein originales Möbel gestellt haben, nur noch teilweise oder überhaupt nicht mehr entspricht.

Genausogut kann es allerdings sein, daß der Betrachter ein Möbel sieht, das ihn unter ästhetischen Gesichtspunkten überhaupt nicht anspricht, weil ihm möglicherweise die Oberfläche zu stumpf und fleckig, kurzum unharmonisch erscheint, was bei unrestaurierten Möbeln auch ganz normal ist. Dennoch kann aber gerade dieses weniger schöne, dafür originale Möbel ganz besonders wertvoll sein. Und bestimmt kann gerade eine solche Oberfläche durch sachgemäße Restaurierung wieder besonders schön zur Geltung gebracht werden.

Daher stellt sich die Frage, nach welchen Gesichtspunkten die Oberfläche eines historischen Möbels zu beurteilen ist. Und zweitens ist zu klären, welche Bedeutung die Oberfläche für den Wert eines Möbels besitzt. Zur Beantwortung dieser Fragen muß zunächst einmal bestimmt werden, was unter dem Begriff Oberfläche zu verstehen ist. Wenn wir nämlich gemeinhin von der Oberfläche sprechen, meinen wir im Grunde zwei unterschiedliche Eigenschaften des Möbels, die wir als Einheit wahrnehmen: einerseits das Holz und andererseits die verschiedenartigsten Überzüge. Hier müssen wir jetzt genauer unterscheiden.

Bei den bisher bildlich gezeigten Möbeln ist der Oberflächenüberzug transparent und bringt nur die Oberfläche des Holzes, seine Farbigkeit und Struktur, beides wesentliche Gestaltungselemente, noch besser zur Geltung. Bei einer anderen Gruppe von Möbeln hingegen tritt die Holzoberfläche selbst als Gestaltungsmerkmal teilweise oder völlig zurück hinter einem deckenden Oberflächenüberzug.

Nur wenn wir im weiteren von der Holzoberfläche selbst sprechen, verwenden wir deshalb den Begriff Oberfläche. Wenn wir dagegen von den Materialien sprechen, mit denen die Oberfläche überzogen ist, soll entsprechend vom Oberflächenüberzug die Rede sein, wobei wir allerdings noch einen zusätzlichen Begriff einführen müssen: Für deckende Überzüge gilt der Fachbegriff Fassung. Er wird immer dann verwendet, wenn ein Möbel bemalt oder angestrichen ist. Zu nennen sind volkstümliche Möbel aller Art, ostasiatische Lackarbeiten und auch polychrome Möbel aus unterschiedlichen Stilepochen, wobei in diesem Zusammenhang Fassung und transparenter Überzug auch kombiniert auftreten können.

Tressur
Volkstümlich gefaßter zweitüriger Schrank, datiert 1804, vermutlich Rössler, Untermünkheim/Schwäbisch Hall. Wir sehen hier ein Beispiel für ein repräsentatives volkstümliches Möbel. Neben der differenzierten Gestaltung des Korpus fällt vor allem die qualitativ hochwertige Bemalung auf **16**

Bemalte Wiege
Anfang 19. Jahrhundert, vermutlich Rössler, Untermünkheim/Schwäbisch Hall. Auch in diesem Fall kann man von einem repräsentativen Möbelstück sprechen **17**

Volkstümliche Truhe, Mitte 18. Jahrhundert
Hier haben wir es mit einer Kombination zwischen transparentem
Überzug und Fassung zu tun, wobei die dunklen Ornamente mit
Schablonen aufgemalt worden sind. Man spricht deswegen von
Schablonenmalerei

19

Hinzu kommt noch eine weitere eigentümliche Gestaltung der Oberfläche furnierter Möbel. Bei der Fertigung solcher Möbel wurde besonderer Wert darauf gelegt, die Oberfläche völlig plan zu schleifen, um danach den Lacküberzug dünn auftragen zu können und ihn durch Polieren spiegelglatt erscheinen zu lassen. Allerdings konnte dieser Zustand nicht von allzu langer Dauer sein. Selbst Möbel, die unter sehr guten klimatischen Bedingungen die Zeit überdauert haben, weisen schließlich eine Oberfläche auf, die als wellig bezeichnet werden kann. Diese Welligkeit erzeugt die mannigfaltigen, unregelmäßigen Spiegelungen, und man kann sie auch fühlen, wenn man mit der Hand über die Fläche streicht. Dies ist nun beileibe kein Qualitätsverlust und keineswegs auf unsachgemäße, handwerkliche Arbeit bei der Herstellung zurückzuführen. Vielmehr handelt es sich um einen geradezu zwingend ablaufenden Veränderungsprozeß.

Volkstümlicher süddeutscher Schrank, datiert 1795

Hierbei handelt es sich um ein außergewöhnliches Prunkstück. Die Bauart erinnert an bürgerlich-höfische Vorbilder. Auf den Türfeldern sind die vier Jahreszeiten dargestellt

18

Dafür gibt es mehrere Gründe, die im Zusammenspiel der beiden Holzwerkstoffe Blindholz und Furnier zu suchen sind: Das Blindholz, als Träger des Furniers, besteht aus sauber zusammengefügten und geleimten Brettern. Wenn hier sorgfältig gearbeitet wurde, bleiben die Verbindungen auch über Jahrhunderte hinweg intakt, und es entstehen dann auch keine Schwundrisse. Dennoch ist es so gut wie unvermeidlich, daß sich die einzelnen Bretter durch das schon geschilderte Arbeiten des Holzes leicht verformen, das heißt die Flächen vertiefen oder wölben sich etwas. Der gleiche Prozeß spielt sich auch beim Furnier ab, denn bei älteren Möbeln ist die Furnierschicht ziemlich dick, etwa drei bis vier Millimeter. Und nun kommt noch ein weiterer Werkstoff ins Spiel, nämlich der Leim, der zwischen Blindholz und Furnier einen mehr oder weniger dicken Film bildet. Die bei historischen Möbeln benutzten Leime sind alle aus organischen, tierischen Grundsubstanzen

Plastische Patina

Das Bild zeigt einen Ausschnitt aus der Marketerie einer Kommodenplatte. Man sieht deutlich, wie sich einzelne Furnierfelder gegenüber den Adern leicht aufgeworfen haben. Die Verwendung sehr wild gemaserten Furniers bewirkte, daß das Arbeiten des Holzes sich in Form vieler kleiner Schwundrisse bemerkbar machte. Durch die Schwundrisse ist das Niveau der Oberfläche ungleichmäßig geworden. An den segmentierten Vorderkanten läßt sich eine ähnliche Erscheinung erkennen. Auch hier haben sich die Fugen gegeneinander verschoben.

Andererseits kommen die wertvollen, gealterten Holzfarbtöne gerade durch diese unterschiedlichen Nuancen sehr schön zur Geltung. Wollte man nun die plastisch gewordene Oberfläche der Marketerie und der Massivholzkante egalisieren, müßte man die Oberfläche sehr stark herunterschleifen. Das aber hätte eine teilweise starke Schwächung des Furniers zur Folge. Eine weitere Folge wäre die vollständige Vernichtung des über viele Jahre durch natürliche Alterung entstanden Farbenspiels. Ein so bearbeitetes Möbel würde praktisch seinen Charakter verlieren **20**

Welche Rolle spielt der Leim bei der Bildung plastischer Patina?

Unter einem gerissenen und abgelösten Furnierstreifen sehen wir die Spuren eines Zahnhobels. Gut zu erkennen sind die verschieden tiefen und breiten Furchen, die das Zahnhobelmesser hinterlassen hat. Dementsprechend entstand nach Leimauftrag und Aufpressen des auf der Rückseite ebenfalls gezahnten Furniers eine ungleichmäßige Leimschicht. Wie im Text erläutert, verändert sich durch Feuchtigkeitsaufnahme das Volumen des Leimes je nach Dicke unterschiedlich, so daß die Furnieroberfläche im Lauf der Zeit uneben geworden ist. Wenn unter Absplitterungen Zahnhobelspuren zu sehen sind, so ist das ein eindeutiges Indiz für Originalität, denn in neuerer Zeit konnte man auf die Zahnung der zu furnierenden Hölzer verzichten **21**

aufgebaut. Sie sind, wie das Holz, hygroskopisch. Das bedeutet, sie haben die Eigenschaft bei Aufnahme von Feuchtigkeit je nach Dicke der Leimschicht mehr oder weniger aufzuquellen und auch wieder zu schrumpfen. Durch diese Schwankungen kann sich das Furnier vom Blindholz partiell lösen. An solchen Stellen wölbt sich das Furnier, besonders gern an den Kanten. Dieses für furnierte Möbel ganz typische Erscheinungsbild wird in der Fachliteratur als plastische Patina bezeichnet.

Was die Feststellung von Originalität betrifft, spielen also die genannten drei Faktoren Oberfläche, Oberflächenüberzug und plastische Patina die entscheidende Rolle. Wir haben es hier mit besonders aussagekräftigen Indikatoren für den Nachweis zu tun.

Wenden wir uns nochmals genauer der Oberfläche zu. Wenn wir, wie in Abb. 22 gezeigt, die Oberfläche gealterten Holzes auch nur leicht schleifen, verändert sich deutlich sichtbar der Farbton. Schleifen wir weiter, verändert sich der Farbton nicht mehr. Physikalisch-chemische Prozesse führen nämlich vom Tag der Fertigung an zur Veränderung des Oberflächenfarbtons, aber die Schleifdemonstration zeigt, daß sich diese Veränderung nur ganz oberflächlich, im Zehntelmillimeter-Bereich abspielt.

Schleifprobe an Palisanderholz
Der obere Streifen zeigt den Alterungsfarbton. Unten wurde nur leicht angeschliffen. Sofort erscheint die für Palisander typische ins Violett spielende Holzfarbe   **22**

Schleifprobe an Ahornholz
Selbst beim an sich hellen Ahornholz wird deutlich, daß nach dem Schleifen (unten) ein starker Kontrast zum natürlich gealterten Holzfarbton (oben) entsteht   **23**

Ausgebleichte Holzoberfläche

Wie stark die altersbedingten Farbveränderungen ausfallen, hängt hauptsächlich von den Lichtverhältnissen ab. Unter langer und starker Sonneneinstrahlung wird auch dunkles Holz heller und bleicht schließlich ganz aus. Das dunkelviolette Palisanderholz zum Beispiel wird dann gelblich.

Ausgebleichte Holzoberfläche

Farblich muß man sich diese spätbarocke Kommode in ihrer ursprünglichen Erscheinung ungefähr so vorstellen wie den Schreibschrank (Abb. 1). Durch intensive Sonneneinstrahlung ist hier die Holzoberfläche so stark aufgehellt worden, daß die ehemals starken Kontraste fast vollständig verschwunden sind. Unabhängig davon ist zu bemerken, daß wir es hier mit einem Möbel zu tun haben, das in seiner Originalsubstanz ansonsten nicht beeinträchtigt ist, wenn man von den später angesetzten primitiven Füßen absieht. Wie mit einer solchen Oberfläche unter restauratorischen Gesichtspunkten umzugehen ist, wird in Kapitel drei zu erörtern sein   **24**

Holzoberfläche, Mahagoni ausgebleicht

Mahagoni hat nach der Verarbeitung einen ausgesprochen kräftigen, roten, bordeauxfarbigen Ton mit charakteristischer Pyramidenmaserung. Ursprünglich entsprach auch dieses Möbel dem bekannten Erscheinungsbild. Es ist aber ganz normal, daß Mahagoni im Laufe der Zeit seine Farbintensität verliert, und das bedeutet: dieses Möbel sieht genau so aus, wie es nach natürlicher Alterung aussehen muß. Leider ist die Vorstellung verbreitet, daß auch historische Mahagonimöbel die typische Mahagoni-Rotfärbung haben müßten. Infolgedessen werden Möbel wie dieses ohne Rücksicht auf den gealterten Holzfarbton abgeschliffen oder mit Lösungsmittel abgewaschen, um das gewünschte einheitliche Mahagonirot wieder herzustellen. Ob ein so verändertes Möbel schöner ist, besser gefällt, das ist Geschmacksache. Es besteht aber kein Zweifel daran, daß ein Möbel mit einer gealterten Oberfläche wie dieses kunsthistorisch und nicht zuletzt auch materiell ganz gewiß wertvoller ist: Es allein kann den Anspruch auf Originalität erheben   **25**

Bei diesem Prozeß spielt natürlich auch die Beschaffenheit des Oberflächenüberzuges eine Rolle. In transparenter Form hat er die Aufgabe, das Holz zu schützen, die Farbigkeit des Holzes zur Geltung zu bringen und die Strukturen hervorzuheben. Transparente Überzüge können aus unterschiedlichen Materialien bestehen, die früher aus natürlichen Rohstoffen hergestellt wurden. Zu nennen sind Wachse, Öle und Harze, wobei die unterschiedlichsten Kombinationen vorkommen, beispielsweise Wachs-Harzgemische. Der heutzutage wohl bekannteste Lacküberzug auf historischen Möbeln ist der Schellack.

Bis zur Einführung des Schellacks war es sehr viel schwieriger, Oberflächen mit möglichst dünnen, gleichmäßigen, spannungsfreien und glänzenden Überzügen zu versehen. Man war angewiesen auf vielerlei Harze, Balsame und Öle, die in ihrer Konsistenz relativ dickflüssig waren und mit dem Pinsel aufgetragen werden mußten. Die gängigsten Harzarten waren Sandarak, Kopal und Bernstein. Schellack hingegen läßt sich wesentlich leichter verarbeiten. Die Lösung des Schellackharzes in Alkohol ist dünnflüssig, sehr schnell trocknend und kann mit dem Ballen, in mehreren Schichten übereinander, sehr dünn und gleichmäßig auf der Oberfläche verteilt werden, so daß ein homogener spiegelnder Glanz erzielt wird.

Diese neue Technik wirkte insofern stilbildend, als sie im weiteren auch auf überkommene Möbel und Holzausstattungen angewandt worden ist. Das heißt, man hat darauf verzichtet, unansehnlich gewordene Überzüge aus Harz-, Öl- oder Wachsmischen zu erhalten und neue Anstriche nach den alten Rezepturen vorzunehmen. Vielmehr hat man diese Überzüge durch neue Schellackpolituren ersetzt. So entstand der Eindruck, daß für Barock und Rokokomöbel die Schellackpolitur typisch sei, obwohl diese Art der Oberflächenveredelung damals nicht üblich sein konnte. Denn Schellack ist historisch gesehen noch gar nicht so lange gebräuchlich. Er taucht

erst Ende des 18. Jahrhunderts auf, setzte sich aus den genannten Gründen dann sehr schnell durch und blieb lange Zeit, bis zur Verwendung des Nitrozelluloselacks (um 1930), besonders im Möbelbereich dominierend.

Schellackharzplättchen
Das Bild zeigt die handelsübliche Form des Schellacks in Plättchen. Der Grundstoff des Schellacks entsteht aus der Symbiose zwischen der Gummilackschildlaus und verschiedenen tropischen Bäumen, zum Beispiel Croton Laeciferus. Die Schildlaus verursacht durch ihren Biß Ausschwitzungen, die sich in drei bis acht Millimeter dicken Schichten auf den Zweigen ablagern. Durch Zusammenfluß können sich auch Klumpen bilden. Das leicht bräunlich bis tief braunrote Harz wird auf 140 Grad Celsius erhitzt und gepreßt, damit die leicht schmelzbaren Bestandteile austreten. Sie werden großflächig getrocknet und teilweise gebleicht. Der gebrauchsfertige Schellack besteht ungefähr aus einem Gewichtsanteil Harzplättchen, gelöst in zwei Gewichtsanteilen reinem Alkohol **26**

Ebenso wie die Holzoberfläche altern auch die Bestandteile der transparenten Wachse, Firnisse und Lacke, wobei hier wiederum die Lichtverhältnisse entscheidend sind. Der ursprünglich durchsichtige Lack kann unter Umständen so stark vergilben, daß die Holzstruktur verwischt

Wir haben es hier mit einem schwäbischen Barock-Schreibschrank aus der Zeit um 1740 zu tun, der einen ziemlich ramponierten Eindruck macht. Doch vom bloßen Augenschein darf man sich hier nicht täuschen lassen. Das Möbel ist in einem viel besseren Zustand, als es den Anschein hat. Abgesehen von den auffallenden Fehlstellen ist die Substanz, was Konstruktion und Marketerie betrifft, recht gut. Die negative Wertung, die der Schreibschrank hervorruft, ist hauptsächlich der völlig entstellten Oberfläche zuzuschreiben. Eine Untersuchung hat ergeben, daß über dem ursprünglichen Lack ein ölhaltiger, mit braunen Farbpigmenten eingefärbter Lack aufgebracht worden ist. Vermutlich sollte das ganze Möbel dunkler werden. Dieser neue Überzug, der in seiner Konsistenz verhältnismäßig dickflüssig gewesen sein muß, schrumpfte im Lauf der Zeit und bildete an der Oberfläche ein Netz feiner Haarrisse, das man als Craquelé bezeichnet. Dadurch konnten sich Schmutz und Rußpartikel viel stärker festsetzen und am Ende sogar mit dem Lack verbinden 27

und die Farbigkeit gedämpft wird. Hinzu kommen noch Beeinträchtigungen durch Schmutzpartikel, die in den Oberflächenüberzug eindringen können und sich ablagern, bis im schlimmsten Fall die Holzstruktur nicht mehr zu erkennen ist. Dieser Zustand eines Möbels darf aber keineswegs zu dem Trugschluß führen, eine unansehnlich gewordene Fassung könne nicht mehr erhalten werden oder sei auf jeden Fall abzunehmen und zu erneuern.

Eine Beseitigung der plastischen Patina darf, wenn man diese Zusammenhänge kennt, überhaupt nicht in Frage kommen. Wollte man die ursprüngliche, spiegelglatte Fläche wiederherstellen, müßte man Überzüge und Oberfläche in ihrer Substanz vernichten.

Die Wiedergeburt eines völlig verunstalteten Möbels

Ist es nicht verblüffend, welch schöne Oberfläche unter der häßlichen Deckschicht (vgl. Abb. 27) freigelegt werden konnte? Aufgrund des Untersuchungsbefunds wurde lediglich der dunkle Überzug vom Originallack getrennt. Damit hat man erreicht, was leider nur sehr selten erreicht werden kann, man hat den originalen Oberflächenüberzug erhalten, denn wie schon beim Thema Schellack erwähnt, tragen Möbel aus dieser Zeit nur noch äußerst selten ihre Originallackierung. Gleichzeitig konnte auch die Annahme bewiesen werden, daß die Marketerie zum Zeitpunkt der Nachlackierung ausgebleicht erschien und deswegen nachgedunkelt worden ist. Durch sachgemäße Restaurierung konnte also der Originalzustand vor der oberflächlichen Veränderung wiederhergestellt werden. Entstanden, wenn man so will, ist ein ganz besonders wertvolles Möbel **28**

Damit ist deutlich geworden, daß das, was wir unbefangen gerne als bloße Oberfläche eines Möbels betrachten, dessen empfindlichster originaler Bestandteil ist. Das Ideal ist es natürlich, Oberfläche und Oberflächenüberzug zusammen mit der plastischen Patina vollkommen zu erhalten. Es dürfte jetzt aber anschaulich geworden sein, daß dieser Idealfall so gut wie niemals vorliegen kann. Der Sachverhalt darf jedoch keinesfalls dazu verführen, mit vorhandenen Überzügen rücksichtslos umzugehen, nach dem Motto, wenn der Lack nicht mehr im schönsten Originalzustand ist, darf er auch bedenkenlos erneuert werden. Zu welchen Folgen diese falsche Einstellung führen kann und welche vernünftigen Maßnahmen zur Erhaltung der Originalsubstanz ergriffen werden können, wird Thema von Kapitel zwei sein.

Was die Frage des materiellen Wertes eines Möbels im Hinblick auf die Beschaffenheit seiner Oberfläche betrifft, kann resümiert werden, daß selbst kleinere Eingriffe die Originalität verfälschen, radikale Eingriffe aber zu ganz erheblichen Wertminderungen führen können.

1.2.3 Zur Problematik der Beschläge

Unter Beschlägen verstehen wir in der Regel Funktionsteile und Schmuckelemente aus unterschiedlichen Metallen. Sie gehören zu den Bauteilen, auf die bei der ersten Beurteilung eines Möbels besonders geachtet wird.

Das ist auch verständlich, denn von Anfang an war es der Zweck vieler Beschläge, auffallend zu sein. Deswegen wurden sie selbst bei einfacheren Stücken bewußt als Gestaltungselemente eingesetzt, die dem Möbel einen besonderen Charakter verleihen und den Stil der Zeit unterstreichen sollten. So wurde beispielsweise auch ein einfaches Stahlblech-Schlüsselschild sorgfältig ausgefeilt und nach Möglichkeit verziert. Bei repräsentativen Möbeln wurde für heutige Begriffe ein enormer Aufwand getrieben. Schon bei mittelalterlichen Möbeln finden wir aufwendig geschmiedete Stahlbänder und Griffe sowie höchst aufwendige Schloßkastenkonstruktionen. Bei späteren Möbeln treten dann andere Materialen und Techniken in den Vordergrund. Zu nennen sind hier Messing- und Bronzeguß oder auch bestimmte Prägetechniken. Besonders aufwendige Gußformen und vergoldete Beschläge fallen in der Zeit des Rokoko auf. Geprägte Schlüsselschilder und Griffrosetten sind dagegen charakteristisch für Möbel ab dem ausgehenden 18. Jahrhundert, aber natürlich wurde bei hochwertigen Möbeln auch weiterhin die Gußtechnik verwendet.

Mit dem bisher Gesagten sind nur die besonders häufig angewandten Herstellungstechniken und Materialien angesprochen. Bei Beschlägen finden sich im Prinzip aber alle denkbaren Bearbeitungstechniken und Materialien. Es gibt sogar gedrehte Rosetten und Griffe. Neben Metallen wurden auch Holz, Leder, Bein, Elfenbein und Porzellan verwendet. Ebenso sind in neuerer Zeit unterschiedliche Schmiedetechniken angewendet worden.

Die Problematik der Beschläge in bezug auf den Nachweis der Originalität eines

Möbels läßt sich zweifach aufwerfen. Der erste Problemkreis betrifft den Umstand, daß an vielen Möbeln im strengen Sinne gar keine Originalbeschläge mehr vorhanden sind. In der Regel ist das der Fall, wenn Beschläge schon vor langer Zeit aus modischen Gründen bewußt ausgetauscht worden sind. So wurden beispielsweise viele Barockmöbel dem Geschmack späterer Epochen entsprechend schlichter beschlagen. Während des Ersten und Zweiten Weltkrieges fielen aber auch viele Originalbeschläge vaterländischer Begeisterung zum Opfer. In Deutschland etwa wurden Edel- und Buntmetalle systematisch für die Rüstungsindustrie gesammelt. Ersetzt wurden so verlorengegangene Beschläge durch industriell hergestellte Blechprodukte.

Der zweite Problemkreis umfaßt Beschläge, die dem Anschein nach original sein könnten, dies aber sehr häufig nicht sind. Originalität nach dem bloßen Augenschein zu beurteilen, ist so gut wie nicht möglich. Zum einen liegt es daran, daß auch solche unechten Beschläge bereits Alterungsspuren aufweisen, weil sie schon vor dreißig bis vierzig Jahren während des damaligen »Antiquitäten-Booms« ausgewechselt worden sind. Zum anderen können abgegossene Beschläge oberflächlich so gut nachgebildet werden, daß sie mit den originalen Vorbildern identisch sind. Technisch kann ein Nachguß nur erkannt werden, wenn der abgeschraubte Beschlag auf den verdeckten Flächen moderne Bearbeitungsspuren aufweist.

Vielfach kann der Fachmann Änderungen aber daran erkennen, daß Beschläge stilistisch zwar der Entstehungsepoche entsprechen, nicht aber dem konkreten Möbel, an dem sie angebracht sind. Das ist besonders dann der Fall, wenn ein verhältnismäßig schlichtes Möbel mit zu aufwendig gestalteten Beschlägen gewissermaßen überfrachtet worden ist oder wenn ein sehr aufwendig konstruiertes Möbel mit zu spärlichen Beschlägen ausgestattet wurde.

Spätmittelalterliches Truhenschloß (vgl. Abb. 49)
Besonders aufwendig geschmiedet ist das Schloßschild. Das Schlüsselloch wird sogar durch eine kleine Klappe abgedeckt. Das senkrecht in das Schild eingefügte Band nimmt den hinter der Klappe eingelassenen Riegel auf **29**

**Schloßkasten einer Schranktür,
um 1760**

Bei Schrankschlössern finden sich häufig zwei oder sogar drei Riegel. Bei diesem Schloßkasten handelt es sich darüber hinaus um einen besonderen Glücksfall, insofern die originalen Befestigungsteile, vier Schloßkastenschrauben mit kreuzförmig geschlitzten und am Rand eingekerbt Köpfen, erhalten sind. Zusätzlich wird das Schloß an der Stirnseite durch ebenfalls handgeschmiedete Nägel gehalten. Über dem Schloß fällt weiterhin eine sternförmige Befestigungsmutter des Handgriffes auf, deren Form bei Möbeln dieser Zeit häufig ist. **31**

**Schloßkastenkonstruktion aus dem
18. Jahrhundert**

Die typische Schloßkastenkonstruktion des 18. Jahrhunderts besteht aus einem Schwarzblechgehäuse, der Schlüsselführung, dem Riegel und der Rückholfeder. Die sichtbaren Flächen wurden eben und blank gefeilt **30 a, b**

Teilweise offener Schloßkasten, um 1730

Hier wurde das Schloß durch aufwendige Formgebung und reiche Ziselierung repräsentativ gestaltet. Das Abdeckblech der Feder ist zusätzlich gebläut, um die Ziselierung noch mehr hervorzuheben. Die originalen Befestigungsschrauben sind leider nicht mehr vorhanden **32**

Kastenschloß mit Schlüssel

Der Schloßkasten zeigt die für das Rokoko typischen Konstruktionsmerkmale. Zu beachten sind der originale Schlüssel und die handgefeilten Schraubengewinde **33**

Schloßkastenvariationen

Obwohl alle Schloßkästen prinzipiell die gleiche Machart aufweisen, zeigen sie doch individuelle Ausprägungen. Hinweise auf Originalität bieten auch die unnachahmlichen Korrosionsspuren **34 a-c**

Originalschlüssel, um 1750 35

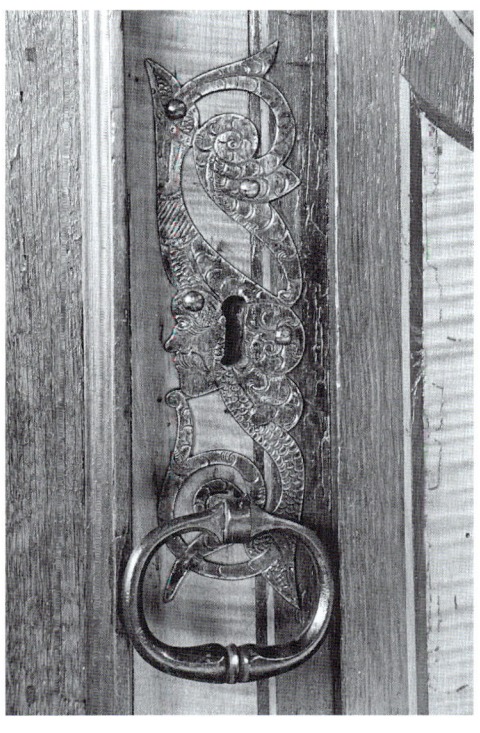

Schlüsselschild mit integriertem Griff, um 1600

Auch in diesem Fall haben wir es mit einer künstlerisch und handwerklich hochwertigen Schmiedearbeit zu tun. Das Schlüsselschild ist sorgfältig ausgeprägt und reich ziseliert **36**

**Gegossener Griff
mit Rosette**
Der Beschlag gehört
zu einem Schreib-
schrank, um 1740.
In dieser Zeit ist
Messingguß üblich **37**

**Gegossenes Schlüsselschild vom
selben Schrank** (Abb. 37) **38**

Massiver Griffknopf, um 1760
Der massive Griff mit eingegoßenem Zapfen sitzt auf einem
ausgesägten Messingblech   **39**

Griffbügel mit zwei Rosetten
Für diese Kommode wurde ein Griffbeschlag in Bronzeguß
ausgesucht   **40**

Abgeschraubter Griff
Hier sehen wir die übliche Befestigungsart von
Bügelgriffen. Die Befestigungsbolzen im Zentrum
der Rosetten werden durch das Schubkastenvor-
derstück geschoben und auf der Innenseiten mit
Muttern verschraubt. Nach der Abnahme des
Beschlages kann man eine fundierte Aussage
über dessen Originalität machen. Hier sieht man,
daß der abgenommene Beschlag immer zu dem
Möbel gehört hat. Es sind keine Spuren anderer
Beschläge zu erkennen   **41**

**Drei originale Möglichkeiten der
Befestigung von Schubladengriffen**
a) Gekerbte Vierkantmutter mit Unterlags-
   scheibe
b) Einfache Vierkantmutter
c) Gespreizter Splint   **42 a-c**

Geprägtes Griffschild

Geprägte Beschläge sind ab Ende des 18. Jahrhunderts üblich. Dieses Griffschild zeigt die typischen Stilmerkmale seiner Zeit. Ursprünglich war das Messingblech vergoldet   **44**

Schlüsselschild in Bronzeguß   **43**

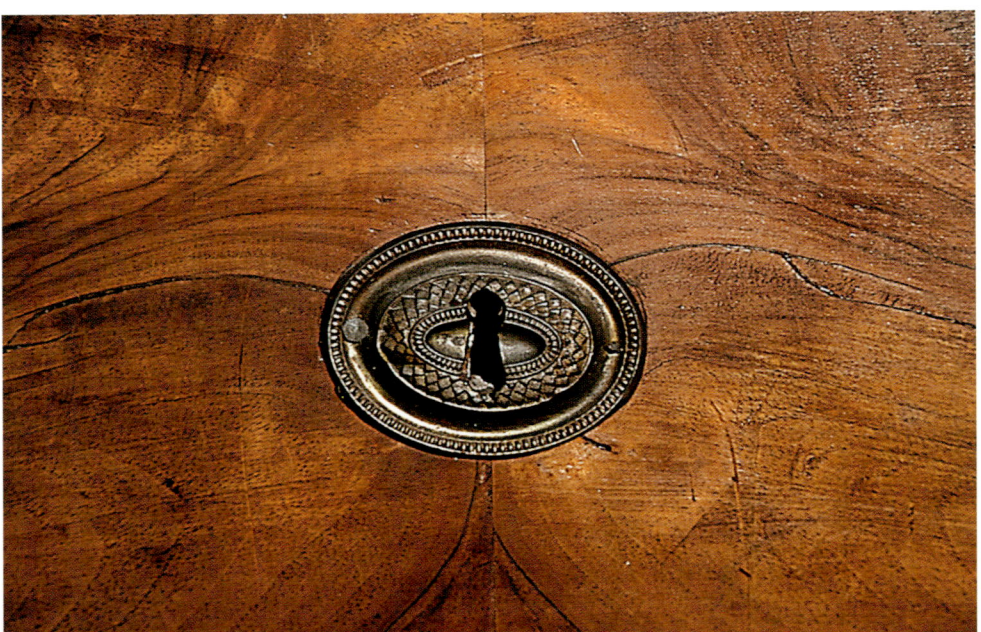

Geprägtes Schlüsselschild

Wir sehen hier den gleichen ovalen Beschlag (Abb. 44) als Schlüsselschild verwendet. Diese Kombinationsmöglichkeit war durchaus beabsichtigt. Man muß bedenken, daß Möbelbeschläge früher nur bei sehr hochwertigen Stücken individuell angefertigt worden sind. Die Beschläge wurden meist in Manufakturen gefertigt und vom Möbelhersteller nach Musterkatalogen ausgesucht   **45**

Zapfenband

Um sichtbare Drehbeschläge an Türen und Klappen zu vermeiden, kam man schon früh auf den Gedanken, die Drehpunkte unsichtbar an die obere und untere Kante zu verlagern. Der aus dem eingelassenen Metallband herausragende Zapfen greift in eine ebenfalls eingelassene Bohrung am Gegenstück ein   **46**

Gußapplikationen

a) Eher zurückhaltende Applikation auf dunklem Feld, um 1800 (links)

b) Hochwertiges gegossenes Schmuckelement, um 1800, mit beschädigter Vergoldung (rechts)

c) Der in Messing gegossene Ring bildet das Säulenkapitell an einem Empireschrank, um 1800 (unten)

47 a-c

1.2.4 An der Konstruktion erkennbare Alterungsspuren

Im Gegensatz zur freien Formgestaltung, etwa bei Skulpturen aus Holz, unterliegt die kunsthandwerkliche Herstellung von Möbeln konstruktiven Sachzwängen. Ein Möbel besteht zunächst einmal aus vielen verschiedenen Bauteilen wie Leisten, Brettern und Kanthölzern. Diese Bauteile wiederum sind zu Bauelementen zusammenzusetzen, wie Schubfächer, Türen, Zargen, Platten, Gestelle und Wände, aus denen am Ende der Möbelkorpus entsteht.

Aus dem Umstand, daß Holz, wie schon erwähnt, ein lebendiger Werkstoff ist, der unentwegt »arbeitet«, ergab sich schon immer das Problem, Bauteile und Elemen-

Abgenommene Appliken
Auch hier zeigt der Befund, daß die Beschlagssituation nicht verändert worden ist, immer ein Indiz für originale Beschläge   **48**

te dauerhaft stabil zusammenzufügen. Je komplizierter und aufwendiger die Formgestaltung und Materialvielfalt im Verlauf der Entwicklungsgeschichte hochwertiger Möbel sein sollte, desto mehr mußten Probleme der Verbindungstechnik gelöst werden. Daß Holz arbeitet, war den Schreinern von jeher bewußt, nur waren die technischen Möglichkeiten zur Verminderung von Holzveränderungen lange Zeit sehr beschränkt.

Wir wollen das Problem exemplarisch an zwei Beispielen demonstrieren. Nehmen wir zuerst eine spätmittelalterliche Truhe, bei der mit dem massiven Holz möglichst großflächig gearbeitet werden mußte. Um die schwere Konstruktion zusammenzuhalten, blieb nichts anderes übrig, als starke Stahlbänder zu verwenden. Im Detail lassen sich hingegen auch schon differenziertere Verbindungstechniken, wie Nut- und Federkonstruktionen und Holznägelverbindungen, erkennen.

Als zweites Beispiel soll eine einfache schwäbische Barockkommode dienen. Auch mit der Konstruktionsweise dieser Kommode konnte das Arbeiten des Holzes nicht verhindert werden. Aber durch verbesserte Handwerkstechnik und sicher

auch durch mehr Wissen über die Holzeigenschaften war es möglich geworden, die Bauelemente so zusammenzufügen, daß die Konstruktion insgesamt nicht instabil werden konnte. Erreicht wurde dies durch die Verwendung von Blindholz, das aus einzelnen Brettern zusammengefügt ist und als Tragekonstruktion für das anschließend aufgebrachte Furnier dient.

Mit der Verwendung von Furnieren sind zwei weitere Ziele erreicht worden: Zum einen werden mögliche Risse und Fugen durch die quer zum Blindholz verlaufende Faserrichtung des Furniers verhindert. Zum anderen ist durch das Furnier ein großer kreativer Spielraum eröffnet, sowohl in bezug auf die Gestaltung der Flächen selbst als auch durch weitere Möglichkeiten bei der Formgebung. Im Falle der schwäbischen Barock-Kommode drückt sich dieser Fortschritt in der links und rechts abgerundeten Vorderfront aus.

Aber selbst bei sorgfältigster Verarbeitung und richtiger Auswahl des Holzes führt das Arbeiten des Holzes mit der Zeit zu einer bestimmten Art von Beeinträchtigung, die wir als Schwundrisse und Schwundfugen bereits näher beschrieben haben. Bei Schwundrissen reißt das Holz mit dem Faserverlauf, bei einer Schwundfuge hat sich sogar die ursprüngliche Verbindung von Bauteilen gelöst. Auch hierbei haben wir es mit Alterungsprozessen zu tun, die normalerweise an jedem historischen Möbel zu finden sind. Grundsätzlich kann man sagen, daß Schwundrisse und Schwundfugen auf jeden Fall an konstruktiven Teilen auftreten müssen. Das sind Böden, Rückwände, Seiten und Schubkastenböden. Sie können natürlich auch im Furnierholz auftreten, wobei dann aber in aller Regel unsachgemäße Konstruktionen verantwortlich zu machen sind. Solche Schwundfugen an der Oberfläche findet man häufig an Eckverbindungen von Profilen, von Rahmen und Füllungen.

Frontalansicht der schwäbischen Barockkomode 50

**Konstruktion
der Kommode** (Abb. 50)
Die typische Kastenkonstruktion des Korpus
aus gefügten Nadelholzbrettern wird stabil
gehalten durch von vorne eingeschobene
Laufleisten und Traversen und die eingefälzte Rückwand. Die Seitenwände sind mit dem
Boden und der Platte verzinkt. Gut sichtbar
sind auch die Schwundfugen an den Stößen
des Blindholzes. Daneben fallen gebrauchs-
bedingte Schleifspuren an den Seiten und
Traversen auf   **51**

Platte der Kommode (Abb. 50)
von unten
Im unteren Drittel sieht man eine horizontal
verlaufende, verhältnismäßig starke
Schwundfuge. Am linken oberen Bildrand
erkennt man eine weitere wichtige Alte-
rungsspur, nämlich den ausgefranzten
Rand der Aussparung, in die der Schloß-
riegel eingreift   52

Platte der Kommode (Abb. 50) **von oben**
Zu sehen ist hier das Furnierbild der Platte (Abb. 52). Die Vorderkante ver-
läuft am oberen Bildrand. In Höhe der zuvor gezeigten Schwundfuge
erkennt man im querverlaufenden Mittelfeld, oben links und rechts der
Ader, jeweils einen schmalen schwach dunkel abgesetzten Streifen.
Hier hat sich das Furnier etwas gedehnt, ist aber noch nicht gerissen.
Im übrigen hat sich im Lauf von 250 Jahren eine schöne plastische
Patina herausgebildet. Dazu gehören auch die dunklen Flecken, die
nicht von oberflächlicher Verschmutzung herrühren, sondern das Fur-
nierholz selbst verfärbt haben. Bei der Beurteilung des ästhetischen
Gesamteindruckes muß man berücksichtigen, daß die Verfärbungen nur
bei frontaler Ansicht derart dominieren. In der Gesamtansicht des
Möbels fallen diese Alterungsspuren viel weniger ins Gewicht   53

Bodenuntersicht der Kommode
(Abb. 50)

Im Unterschied zu den Seitenwänden handelt es sich um eine vereinfachte Plattenkonstruktion. Man hat weniger Wert auf die Qualität des Holzes gelegt, was an den Astlöchern zu sehen ist. Es genügte auch, nur zwei Bretter aneinanderzufügen. Der vom oberen Astloch weg verlaufende Schwundriß ist deswegen ganz normal. Ein drittes ebenso großes Astloch ist später einmal mit einem aufgenagelten Holzstück verdeckt worden. Auch wurde darauf verzichtet, die Oberfläche sorgfältig zu glätten, was an den Spuren des Schrupphobels zu erkennen ist. Das Holz wurde roh belassen. Die sehr auffallende dunkle Verfärbung ist durch einen natürlichen Prozeß entstanden, der folgendermaßen erklärt werden kann: Unter dem Möbel (wie auch an der Rückseite) gibt es weniger Luftzirkulation, deshalb absorbiert das Holz die Feuchtigkeit, die von Fußboden und Wand abgegeben wird und verfärbt sich mit der Zeit. Die Stärke der Farbveränderung an solchen Stellen ist deshalb ein wesentlicher Indikator für das Alter eines Möbels **54**

**Blindholzkon-
struktion eines
geschweiften
Schubkasten-
vorderstückes**
Der Bildausschnitt
zeigt die sorgfältige
Verarbeitung des in
Streifen gefügten
Blindholzes aus
feinjährigem Nadel-
holz   56

**Seitliche Massivholzkonstruktion
einer Kommode**
Der Bildausschnitt zeigt eine weitere Möglichkeit der Korpuskonstruktion. Die Seitenwände bestehen hier nicht aus gefügten
Brettern, sondern sind als Rahmen mit
Füllung gearbeitet. Gut zu sehen sind die
Spuren des Schrupphobels auf der Füllungstafel   55

**Jüngere Schubkastenkonstruktion mit aus der Nut
geschwundenem Schubkastenboden**
Wir sehen hier die typischen Merkmale einer Schubkastenkonstruktion,
wie sie in der Regel ab der zweiten Hälfte des 18. Jahrhunderts üblich
war. Im Bildausschnitt verläuft das von unten gesehene Schubkastenvorderstück am oberen Bildrand. Bis dahin hat man die Schubkastenböden meist stumpf mit Holznägeln auf den Rahmen aufgesetzt. Hier sieht
man die neuere Konstruktion: Das Bodenbrett ist dabei von hinten in die
umlaufenden Nuten an der Seite und am Vorderstück eingeschoben.
Aus statischen Gründen wäre es ungünstig gewesen, die Nuten in der
Dicke des Bodenbretts auszuarbeiten. Deswegen hat man die Nuten-
breite möglichst schmal gewählt, mußte dann aber, wie hier am linken
Bildrand deutlich zu sehen, den Schubkastenboden schräg auf Nuten-
breite abhobeln. Die so entstandenen Fasen sind immer etwas ungleichmäßig. Der Vorteil dieser Konstruktion liegt darin, daß Schwundrisse und Schwundfugen in der Bodenfläche vermieden werden, weil
sich das Holz in der Nut frei bewegen kann. Das unvermeidliche Zusam-
menziehen des Holzes kann jedoch im Lauf der Zeit dazu führen, daß
am Schubkastenvorderstück die angehobelte Fase aus der Nut schwindet, wie das hier geschehen ist. Man darf sich nicht durch den Schlag-
schatten oben täuschen lassen. Der Boden ist in der gesamten Breite
an der Schubkastenvorderseite (links) geschwunden   58

Ältere Schubkastenkonstruktion
Im Bildausschnitt sieht man die mit Hilfe von
Zinken gearbeitete Verbindung zwischen
Schubkastenseite und Schubkastenhinter-
stück, eine alte, aber jahrhundertelang
gebräuchliche Technik. Um die Stabilität der
Eckverbindung zu verbessern, hat man die
Zinken zusätzlich verkeilt. Typisch für die
Bauform dieser Schublade vor 1750 ist der
stumpf aufgenagelte Schubkastenboden.
Hier hat der Schreiner etwas daneben
gebohrt, weswegen man einen Holznagel
in seiner typischen Machart erkennen
kann.   57

Konstruktiv bedingte Schwundrisse im Furnier

Das Bild zeigt den Ausschnitt einer großflächig mit Kirschbaum furnierten Schranktür. Sowohl der senkrecht verlaufende, ausgewachsene Schwundriß wie auch das quer zerissene und verschobene Furnier sind durch eine unsachgemäße Unterkonstruktion entstanden **59**

Rahmenkonstruktion unter gerissenem Furnier

Das Bild macht deutlich, warum das Furnier (Abb. 59) reißen mußte. Die Schranktür weist eine typische Rahmenkonstruktion mit Füllungstafel auf. Das Grundproblem bei dieser Konstruktion besteht darin, daß der Rahmen stets stabil bleibt, die Füllung jedoch mit der Zeit schwindet. In diesem Fall hat sich die Füllung von rechts nach links so stark zusammengezogen, daß das Furnier längs zwischen senkrechtem Rahmenfries und Füllung gerissen ist. Infolge dieses Prozesses wurde das Furnier über dem unteren Querfries so gequetscht, daß es zu der breiten Querverschiebung kam **60**

Schwundprozesse in Rahmenkonstruktionen

Die Zeichnung verdeutlicht das Grundproblem von Möbelkonstruktionen, bei denen Bauelemente mit unterschiedlicher Faserrichtung zusammengefügt werden (die Pfeile zeigen die Schwundrichtungen bei Konstruktionen, die aus Rahmen und Füllung bestehen): Wenn Holz trocknet, zieht es sich in der Breite verhältnismäßig stark zusammen. So kann sich auch ein altes Möbel, das aus relativ feuchter Umgebung in einen trockenen Wohnraum versetzt wird, ganz erheblich verändern. Es ist möglich, daß ein aufrechter Rahmenfries von 20 auf 18 Zentimeter Breite schwindet. In Längsrichtung hingegen hat der Trocknungsprozeß kaum Auswirkungen

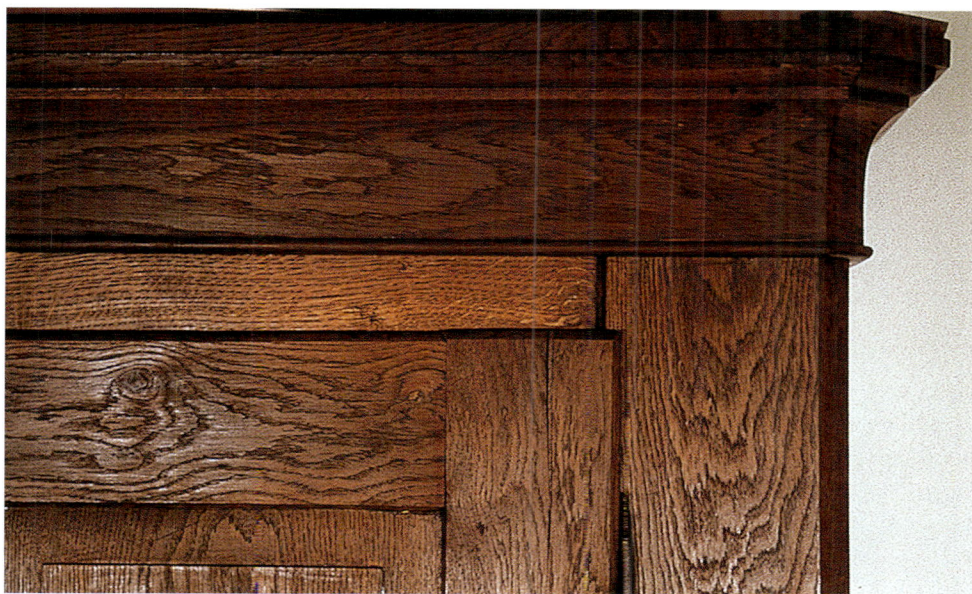

Schwundfuge zwischen Quer- und Längsholz

Das Bild zeigt die rechte obere Ecke des skizzierten Schrankes in natura. Der rechte Fries, an dem die Tür angeschlagen ist, war ursprünglich 17 Zentimeter breit, nun ist er um sieben Millimeter geschwunden. Dabei hat er die Tür mit nach rechts gezogen. Das gleiche ist an der linken Seite geschehen **61**

Aus der Nut geschwundene Füllung

Auch hier addieren sich zwei Schwundprozesse. Nicht nur die Füllungstafel, sondern auch die Friese haben sich zusammengezogen, was an der geöffneten Gehrung deutlich wird **63**

Auseinanderklaffender Türstoß

Was geschieht, wenn sich Schwundprozesse addieren, sieht man auf diesem Bild. Zusätzlich zu den schon erwähnten Seitenfriesen sind hier auch die aufrechten Rahmenfriese der Türen geschwunden. Die Summe der Schwundprozesse hat zu einem etwa zwei Zentimeter breiten Spalt zwischen den Türen geführt, so daß der Schrank gerade noch geschlossen werden kann **62**

1.2.5 Durch Gebrauch verursachte Alterungsspuren

Die bisher genannten Indikatoren, die uns einen Nachweis historischer Substanz geben können, sind, wie wir gezeigt haben, durch natürliche Prozesse bedingt. Da aber Möbel in aller Regel zu Gebrauchszwecken hergestellt werden, hinterläßt ihre Benutzung im Lauf der Zeit ebenso charakteristische Spuren. Grundsätzlich kann man zwei Gruppen von Gebrauchsspuren unterscheiden. Bei der ersten handelt es sich um Beeinträchtigungen, die unvermeidbar sind. Bei der zweiten geht es um Schäden, die auf Zweckentfremdung und/oder mangelnde Pflege und Unachtsamkeit zurückzuführen sind.

Bei einer Kommode beispielsweise ist es unvermeidbar, daß die Schubkästen bewegt werden. Somit nützen sich Laufleisten und Schubkastenseiten oder Schubkastenböden ab. Schleifspuren finden sich auch auf den Traversen und den Korpusinnenseiten. Sind Griffe vorhanden, können sie abgegriffen sein, oder es haben sich um sie herum Schmutzränder gebildet, der Lack ist stumpf, eventuell sind sogar Einkerbungen entstanden. Oft stößt man auch auf deutlich ausgefranste Schlüssellöcher. Vielfach sind die Schlösser selbst in ihrer Funktion beeinträchtigt. Sehr häufig sind auch die Vorderkanten der Platten abgegriffen, und das Furnier ist an diesen Stellen abgerundet und geschwächt. In der Regel weisen auch die vorderen Beine und Unterkanten Macken und abgestoßene Kanten auf. Das sind Spuren, die Besen oder Staubsauger hinterlassen haben.

Wasserflecken

Es gibt keine historischen Lacke, die so wasserabweisend sind wie heutige Kunstharzprodukte. Da natürliche Harze nicht versiegeln können, schiebt sich stehendes Wasser unter die Lackoberfläche und wird vom Holz aufgesaugt. Die Lackschicht verliert ihre Bindungsfähigkeit mit dem Holz und wird blind. Die hier zu sehende Grauverfärbung ist typisch. Das eindringende Wasser löst auch die Leimschicht an, was zur Welligkeit des Furniers führt **64**

Brandschaden im Furnier

Auch hier haben wir es mit einem Schaden zu tun, der durch Unachtsamkeit entstanden sein muß. Die querverlaufende Zeichnung im Brandfleck zeigt die Struktur der angekohlten Jahresringe des Blindholzes **65**

Tintenfleck

Bei Schreibmöbeln ist es durchaus normal, daß auch mal ein Tintenfaß ausläuft **66**

Furnier als Anschlag

Typisch für furnierte Möbel des 18. Jahrhunderts ist die Technik des Schubkastenanschlages an den Traversen und Seiten: Die dicken Sägefurniere decken mit ihrem umlaufenden Überstand die Schubkastenöffnung ab **68**

Funktionelle Beschädigung

Dieses Zylinderbureau ist sicher sehr intensiv benutzt worden. Durch tausendfaches Hochschieben des Zylinders hat sich der Griff buchstäblich in das Vorderstück der Kopfschublade eingegraben. Die hier zu sehenden Schubkastengriffe sind spätere Ergänzungen, die sicherlich zur besseren Funktionsfähigkeit angeschraubt worden sind **67**

Furnierausbrüche an Schubkästen

Hier sehen wir den typischen Schaden, wie er aus der beschriebenen konstruktiven Besonderheit (Abb. 68) resultiert. Da es nicht ausbleiben konnte, daß sich die Schubkastenvorderstücke durch das Arbeiten des Holzes verformen, wirken die Einschubkräfte irgendwann nicht mehr gleichmäßig auf das umlaufend überstehende Furnier, sondern konzentrieren sich besonders auf die Schubkastenecken, wo dann häufig Furnierteile abreißen **69**

Ausgefranste Schlüsselschilder

Es ist eine oft zu beobachtende Abnutzungserscheinung bei Biedermeier-Möbeln, daß die eingelegten Schlüsselschilder verschlissen sind, weil keine Handgriffe an Schubkästen oder Türen üblich waren. So mußten auch schwergängige Schubkästen und klemmende Türen alleine mit dem Schlüssel aufgezogen werden. Verantwortlich für Ausbrüche sind sicher auch häufiges Schlüsselwechseln und labile Schlüsselführungen **70**

Schleifspur
In diesem Fall dürfte ein Ast in der Laufleiste für den tiefen
Ausschnitt im aufgenagelten Boden des Schubkastens
verantwortlich sein   **73**

Extrem abgenützte Schubkastenseite
Bei diesem Schubkasten ist die Laufkante schon soweit
abgeschliffen, daß die Bodennut fast freigelegt ist   **71**

Schleifspuren
Hier sehen wir die Schleifspuren, die eine genutete Schub-
kastenseite in Laufleiste und Traverse hinterlassen hat.
Der Furnierausbruch an der unteren Schublade hat seine
Ursache ebenfalls in der schlechteren Gängigkeit durch
Abnutzung. Als Benutzer ist man geneigt, die Schublade
beim Zuschieben etwas anzuheben und damit gegen die
Traverse zu drücken   **72**

Typische Schleifspur an der Unterkante einer Schublade mit eingenutetem Boden   **74**

**Sehr stark abgenützte
Schubkastenseite** 75

Patinaartige Auflage
Der Kastentisch, zu dem diese Schublade gehört, stand höchstwahrscheinlich in einer Wohnküche mit offener Befeuerung. Schwankende
Luftfeuchtigkeit und Rußpartikel dürften zu den Ablagerungen an den
Schubkastenseiten geführt haben. Im Bereich der Schubkastenführung
wurden die Ablagerungen immer wieder abgeschabt und auch dort,
wo die Schublade angefaßt wird, sind keine Ablagerungen zu
erkennen 76

Hängende Schubkästen
Da sich Laufleisten und Schubkastenseitenkanten im hinteren Bereich wesentlich mehr abnützen als im vorderen,
läuft die Schublade mit der Zeit nicht mehr rechtwinklig
sondern schräg nach unten. Das Schubkastenvorderstück
steht dann unten etwas vor 78

Schleifspuren
Das Bild zeigt dieselbe Schublade von unten;
die Laufleiste hat sich in den Boden eingeschabt 77

Ablagerungen

Hier sehen wir ein sehr eindrucksvolles Beispiel für Ablagerungen, die sich besonders
im Bereich der Beschläge finden. In den
Durchbrüchen des Griffschildes entstehen
Ablagerungen auch bei normaler Pflege
eines Möbels **79**

Abgegriffene Rückenlehne eines Brettstuhles **80**

Abgegriffener Knauf an einer Stuhllehne, Ablagerungen in den Kerben **81**

Einkerbungen und abgerundete Kanten an einer Massivholztisch-platte

Sehr häufig stehen an
Massivholztischplatten
die Gratleisten vor **82**

**Typische Handschweißspuren
auf einer Lehnenrückseite** 83

Druckstellen
Bei den hier sichtbaren dunklen Flecken handelt es sich nicht um bloße
Verunreinigungen, sondern um Vertiefungen, in denen sich Schmutz
abgelagert und mit dem Überzug verbunden hat. Wie diese Druckstellen
zustande gekommen sein können, darüber läßt sich nur spekulieren.
Natürlich könnte man diese Spuren beseitigen, nur, dann müßte man
schon recht heftig in die Substanz eingreifen. Der schöne Farbton wäre
verloren und die geschichtliche Aussagekraft des Möbels dahin. Im
übrigen ist zu berücksichtigen, daß die Verfärbungen in der Detail-
aufnahme über Gebühr in den Vordergrund treten, im Gesamterscheinungsbild der Kommode aber viel weniger ins Gewicht fallen 84

**Durch Anschrammen abgenütztes
Stuhlbein** 85

2. Erscheinungsbilder historischer Möbel

2.1 Erläuterung der Problematik

Noch nie sind Möbel nur unter Zweckgesichtspunkten geschaffen worden. Schon immer hatten sie als Ausstattungsgegenstände von Räumen neben der Gebrauchsfunktion auch eine ästhetische Bedeutung. Dies gilt sowohl für einfache als auch für ausgesprochene Prunkstücke zu Repräsentativzwecken. Je nach Zeitgeschmack entwickelten sich daraus die bekannten Stilmerkmale, die ihrerseits wiederum von der jeweils führenden Architekturrichtung mitgeprägt wurden. Im Gegensatz zu heute stand im allgemeinen bei den Menschen vergangener Zeiten nicht der Gedanke im Vordergrund, gewachsene historische Substanz unter allen Umständen der Nachwelt zu erhalten. Vielmehr wurden neue modische Strömungen oft radikal umgesetzt. So hat man romanische Bauwerke »gotisiert« oder später sogar im barocken Stil umgestaltet. Schließlich wurden die barocken Formen wieder auf klassische Ideale zurückgeführt. Die Beispiele hierfür sind Legion. Was die Möbel betrifft, war es aber nicht so, daß sie, wenn sie stilistisch überholt waren, entrümpelt wurden. Dazu waren sie materiell oft zu wertvoll. Schließlich handelte es sich, auch für damalige Zeiten, um verhältnismäßig teure Einzelstücke. Solche Möbel wurden häufig aus repräsentativen Räumen entfernt und anderswo weiter verwendet. Bei höfischen Möbeln bot es sich auch an, sie an bürgerliche Haushalte weiterzuverkaufen. Das hatte beispielsweise zur Folge, daß zum Teil hochwertige barocke Einrichtungen bürgerliche Wohnzimmer schmückten, während der Hof sich mit schlichteren klassizistischen Möbeln neu ausstattete.

Zeitversetzt kann man diese Form der Zweitverwertung auch für bürgerliche Haushalte annehmen, so daß der Weg beispielsweise einer einfacheren Kommode vom Wohnzimmer über das Dienstmädchenzimmer bis auf den Speicher oder in die Garage geführt haben mag. Dabei konnte es nicht ausbleiben, daß die Möbel mehr oder weniger gelitten haben. Wir dürfen ruhig davon ausgehen, daß sehr viele Möbel, die wieder zu Ehren gekommen sind, solche Wege hinter sich haben. Ist es nicht geradezu eine Ironie des Schicksals, wenn man bedenkt, daß Möbel, die »überlebt« haben, nach Jahrhunderten wieder als Schmuckstücke in modernen Haushalten zu finden sind und insofern, was ihre Wertschätzung betrifft, an den Ausgangspunkt ihrer Geschichte zurückgekehrt sind.

Für eine andere Gruppe von Möbeln war das Schicksal nicht ganz so ungnädig. Gemeint sind hier Stücke, die schon immer aufwendiger gearbeitet und daher wertvoller waren. Oder es sprachen wirtschaftliche und emotionale Gründe dafür, diese Möbel zu behalten und auch weiterzuvererben. Da sie aber den modisch-ästhetischen Ansprüchen oftmals nicht mehr genügten, hat man sie meist äußerlich etwas verändert. In diesen Fällen hat sich als Kompromiß angeboten, einige prägnante Stilmerkmale gewissermaßen aufzusetzen. Man hat zum Beispiel die Beschläge ausgetauscht. Ein weiteres Mittel waren farbliche Veränderungen.

Andere Veränderungen erfolgten aus praktischen Gründen. Wenn Wohnräume zu niedrig waren, wurden Möbel gekürzt, beispielsweise Beine von Schränken entfernt oder Uhrenkästen abgesägt. Es kam auch vor, daß ursprünglich nicht zusammengehörende Möbelelemente neu kombiniert wurden. Da die allermeisten Möbel in verschiedener Weise bis auf den heutigen Tag Veränderungen erfahren haben, sei es, wie im ersten Kapitel demonstriert, durch Alterungsprozesse oder durch unsachgemäße Behandlung, oder, wie jetzt angesprochen, durch willkürliche Veränderungen, sind sie in mehr oder weniger gelungener Weise immer auch »restauriert« worden.

Wir setzen das Wort Restaurierung in Anführungszeichen, weil man heute unter diesem Begriff wesentlich andere Vorstellungen hat als das früher der Fall war. Restaurierung war üblicherweise ganz selbstverständliche Sache des Möbelschreiners. Grundsätzlich haben wir es damals wie heute mit zwei Problemfeldern zu tun. Zum einen kann es sich um Schäden der Funktionsfähigkeit handeln, zum anderen können Schäden vorliegen, die den ästhetischen Eindruck beeinträchtigen. Weniger problematisch aus heutiger Sicht sind die vorgenommenen Maßnahmen zur Behebung technischer Defekte. Hierbei waren in der Tat überwiegend rein handwerkliche Fähigkeiten erforderlich. Gemeint sind etwa das Austauschen von Laufleisten, um Schubkästen wieder gangbar zu machen, oder das Leimen loser Rahmenkonstruktionen und Stühle. Sehr viel problematischer war das Vorgehen bei Beschädigungen an der Oberfläche von Möbeln. Der restaurierende Schreiner neigte dazu, das ihm vorliegende Möbel danach zu beurteilen, wieweit es von den Anforderungen entfernt war, die er mit einem neu anzufertigenden Möbel verband. Original war für ihn ein Möbel dann, wenn es aussah wie neu gefertigt.

Der Originalitätsbegriff, wie wir ihn im ersten Kapitel definiert haben, war dem Schreiner fremd. Sein Bestreben war es, das beschädigte Möbel möglichst so wieder herzurichten, daß es dem Ideal eines neuen Möbels möglichst nahe kam. Zu bemerken ist an dieser Stelle, daß eine solche Einstellung durchaus auch heute noch die Beurteilung historischer Möbel beeinflußt, in dem Sinne, daß solche Möbel möglichst makellos auszusehen haben. Mit dem rein handwerklichen Vorgehen sind aus heutiger Sicht eine Reihe von Fehlerquellen verbunden, welche die Originalität eines Möbels beeinträchtigen können. Ein solches Vorgehen führt immer zu dem, was wir »Überrstaurierung« nennen wollen.

Historische Möbel, wie wir sie heute vorfinden, kann man demnach grob in drei Kategorien einteilen. Das sind erstens heruntergekommene Möbel, zweitens stilistisch und funktional veränderte Möbel und drittens überrestaurierte Möbel.

Im folgenden werden wir uns näher mit Beispielen aus den drei genannten Gruppen beschäftigen. Wir vernachlässigen dabei die durchaus vorhandene vierte Gruppe der vollkommen originalen Möbel, weil es sich, wie im ersten Kapitel gezeigt, überwiegend um museale Stücke handelt, die in aller Regel reine Ausstellungsobjekte sind und die, wenn überhaupt, nur sehr bedingt benutzt werden.

2.2 Heruntergekommene Möbel

Unter heruntergekommenen Möbeln verstehen wir, wie eingangs schon erwähnt, solche die über viele Jahre nicht mehr geschätzt, zweckentfremdet wurden oder im Keller oder Speicher vergessen worden sind. Das Erscheinungsbild dieser wiederentdeckten Stücke ist, den Umständen gemäß, in denen sie überdauert haben, oft geradezu abschreckend. Auf den ersten Blick mag der Eindruck entstehen, daß dadurch ihr Wert auch vermindert worden ist. Doch darf man sich von solchen Empfindungen gerade bei diesen Möbeln nicht täuschen lassen. Gesetzt den Fall, sie haben keinen großen Substanzverlust erlitten, sind sie im Gegenteil oft besonders wertvoll. Denn während ihres »Dornröschenschlafes« konnten sie nicht Gefahr laufen, modernisiert, überrestauriert oder umgearbeitet zu werden. Hinter einer häßlichen Fassade verbergen sich oft kunsthistorische Schätze. Ein Möbel dieser Art haben wir schon im ersten Kapitel (Abb. 27) vorgestellt. Die folgenden Beispiele sollen diese Aussage unterstreichen.

Barocker Eichenschrank, überstrichen

Überstrichene Schränke findet man besonders häufig. Hier handelt es sich um einen handwerklich sorgfältig verarbeiteten und mit Profilen aufwendig gestalteten massiven Eichenholzschrank, um 1780, der durch einen braunen Farbanstrich verunstaltet worden ist

86

Freilegungsmuster am Schrank
(Abb. 86)

Nach vorsichtiger Abnahme des dunkelbraunen Farbanstriches kommt der durch natürliche Alterung entstandene warme, rötliche Eichenholzton zum Vorschein. Wenn man die sichtbaren Abdrücke betrachtet, kann man sogar sagen, daß die Farbschicht die Holzoberfläche geschützt und vor oberflächlichen Beschädigungen bewahrt hat **87**

Gefasster Schrank, überstrichen

Auch dieser spätbarocke Schrank, um 1780, hat die Zeiten weitgehend unbeschadet überstanden. Nach der vorsichtigen Freilegung erkennt man, daß hier eine qualitativ sehr gute Farbfassung zum Vorschein kommt. So gesehen hat auch hier die Farbschicht die darunterliegende wertvolle Fassung geschützt. Es ist zu vermuten, daß diese Bemalung die Zeit bis heute andernfalls nicht so gut überdauert hätte. Ein weiterer Glücksumstand ist, daß der Schrank nicht in unsachgemäße Hände gefallen, sprich abgelaugt worden ist. Solchen Radikalbehandlungen werden Weichholzmöbel leider immer wieder unterzogen. Zu bemerken ist auch, daß die Originalbeschläge unbehelligt geblieben sind **88**

Recht mitgenommenes Zylinderbureau, um 1810
Dieses Möbel ist substantiell nicht mehr so gut erhalten wie die vorigen Beispiele. Die Beine sind verloren gegangen. Der Belag der Schreibplatte ist stark beschädigt. Furnierteile sind ausgerissen, und auch die Beschläge sind zusätzlich angebracht worden. Im ersten Kapitel (Abb. 15) haben wir dieses Möbel bereits vorgestellt, einmal um den Substanzverlust im seitlichen Furnier zu zeigen, zum anderen, um ein Beispiel für besonders prägnante Gebrauchsspuren zu geben. Aber trotz dieses ausgeprägten Schadensbildes ist eine werterhaltende Restaurierung durchaus angebracht. Das heißt, die Kosten der Restaurierung sind geringer als der Wertzuwachs des Möbels im restaurierten Zustand 89

Anhand dieses Möbels läßt sich die grundsätzliche Problematik des Originalitätsbegriffes noch einmal diskutieren. Wir haben eingangs Originalität als gegeben definiert, wenn alle Bauelemente aus der Entstehungszeit vorhanden sind, die Holzoberfläche keine Nachbearbeitung erfahren hat, die Beschläge aus der Entstehungszeit vorhanden und natürliche Alterungs- und Gebrauchsspuren erkennbar sind. Nach dieser Definition ist das abgebildete Möbel sicher in seiner Originalität gemindert. Der Eigentümer, der es zur Restaurierung bringt, weiß das auch und kann deswegen beurteilen, in welchem Umfang Eingriffe und Ergänzungen nach Beratung durch den Restaurator vorzunehmen sind. Nun müssen wir aber davon ausgehen, daß Möbel dieser Art in der Regel den Umweg zum Kunden über den Handel machen. Das heißt nichts anderes, als daß der potentielle Käufer sie nur im restaurierten Zustand sehen kann. Die Originalität kann er dann nicht mehr ohne

weiteres beurteilen. Da sich bekanntlich der Preis historischer Möbel in erster Linie nach dem Grad der Originalität richtet, neigt man im Kunsthandel dazu, vorgenommene Restaurierungsmaßnahmen herunterzuspielen oder gar zu verheimlichen. Die Folge ist, daß in solchen Fällen zu hohe Preise verlangt und bezahlt werden. Andererseits darf nicht verschwiegen werden, daß daran in gewisser Weise auch die Antiquitätenliebhaber Schuld sind. Sie erwarten nämlich für ihr gutes Geld möglichst makellose Möbel, was dazu führt, daß Möbel überrestauriert werden, um den Käufer zufriedenzustellen. Blicken wir zur Verdeutlichung nochmal auf das Zylinderbureau zurück: Grundsätzlich wäre es möglich, dieses Möbelstück in einen Zustand zu versetzen der Originalität vortäuscht. Um dies zu erreichen, müßten aber sehr große Eingriffe in die Substanz vorgenommen werden. Damit würde jedoch der materielle Wert des Möbels nicht erhöht, sondern vermindert werden.

2.3 Stilistisch und funktional veränderte Möbel

2.3.1 Modernisierte, umgearbeitete Möbel

Vierschübige biedermeierisierte Barockkommode

Das Bild zeigt ein typisches Beispiel für Biedermeierisierung. Die ursprüngliche Barockkommode, um 1740, ist in ihrem Erscheinungsbild durchaus erheblich verändert worden. Die Traversen-, Boden- und Plattenkanten wurden eingeschwärzt. Die ursprünglich vorhandenen Schubladengriffe befanden sich in den Ornamentfeldern. Stattdessen wurden biedermeiertypische Schlüsselschilder eingesetzt. Des weiteren hat man die Füße modernisiert. Auch hier kann man sagen, daß das Möbel aus heutiger Sicht durch die gesamten Veränderungen an Wert verloren hat. Natürlich wäre es möglich, die Kommode wieder dem ursprünglichen Erscheinungsbild anzugleichen, man müßte lediglich die Einschwärzungen entfernen, stilgetreue Replikate von Griffen und Schlüsselschildern aufsetzen und Kugelfüße anbringen. Aber diese rekonstruktiven Eingriffe würden auch zu einer Wertminderung führen. Allerdings ist es durchaus üblich, daß zur Marktwertsteigerung die letztgenannten Eingriffe vorgenommen werden **90**

Zur Kommode umgearbeiteter Schreibschrankaufsatz

Hier haben wir es schon mit einer neuen Möbelkreation zu tun. Der barocke Aufsatz, um 1750, wurde seinem neuen Bestimmungszweck gemäß recht erheblich verändert, wobei die stilistischen Anleihen aus dem Biedermeier unübersehbar sind. Das sind die schwarzen Absetzungen und die Kommodenfüße. Anstelle des Schreibkastenteils mit Pultklappe wurde ein durchgehendes Schubkastenstück eingefügt. Auch das Schlüsselschild und die Griffknöpfe sind nicht original **91**

Modernisierung durch Beschläge und Beine

Die Teilaufnahme eines Barockschreibschrankes von 1750 zeigt hier anstelle des größeren Griffbeschlages ein Griffschild aus Messing im Zopfstil. Typisch für den Zopfstil ist auch die Form des nachgebildeten Möbelfußes mit Kanellierung **92**

Umgearbeiteter Kommodensockel

Diese Braunschweiger Kommode, um 1760, hatte ursprünglich einen der geschweiften Form folgenden Sockel. Man sieht dessen Spuren deutlich am Kommodenboden. Weitere Verletzungen der Substanz sind in Form der hellen Flächen um die Beine herum zu erkennen. Hier wurde der Boden vor dem Aufnageln der Füße etwas angehobelt **93**

Nachträglich veränderte Marketerie

Vermutlich sollte die ansich schlicht gestaltete Barockkommode, um 1750, durch diese Jagdszene aufgewertet werden. Mit Sicherheit handelt es sich um den Ausschnitt der Marketerie eines anderen Barockmöbels **94**

Zur Kommode umgearbeiteter geschweifter Tabernakelaufsatz

Hier sehen wir eine weitere Variante einer Kommodenanfertigung. Der barocke Aufsatz hat einen chippendaleartigen Unterbau bekommen. Um eine akzeptable Höhe zu erreichen, ist die untere, durchlaufende Schublade eingefügt worden. Bei den Beschlägen handelt es sich um willkürliche Ergänzungen. Durch Abschleifen der Holzoberfläche sind die natürlichen Farbspiele der unterschiedlichen Holzarten geradezu denaturiert worden. Auch die dicke glänzende Lackschicht entstellt dieses Möbelstück **95**

2.3.2 Kombinierte Möbel

Wann dieses Möbel so zusammengestellt worden ist, läßt sich nicht mit Sicherheit sagen. Die zweischübige einfache Kommode ist auf jeden Fall unverändert geblieben. Deutlich wird dies an der typischen Formgebung, wie sie im Zopfstil üblich war. Der barocke Vitrinenaufsatz hingegen dürfte nicht dem Originalzustand entsprechen. Korpus und Türrahmen sind wohl um 1750 entstanden, mit Sicherheit stammt die Verglasung aber aus der Zeit nach 1900, worauf der Facettenschliff und die ebene Fläche des Glases hinweisen. Vermutlich bestanden ursprünglich Holzfüllungstafeln. Im seriösen Antiquitätenhandel spielen solche Kombinationen nur eine sehr untergeordnete Rolle. Das liegt daran, daß sich der kunsthistorische und damit auch materielle Wert der Möbelelemente nicht addieren. Der Wert dieser Kombination bemißt sich allein nach der stilreinen Kommode, der Aufsatz ist lediglich Beiwerk. Um ein vielfaches wertvoller wäre das Möbel mit einem Zopfstilaufsatz oder mit dem entsprechenden Barockunterbau

96

Kombination aus Biedermeierkommode und barockem Schreibaufsatz

Hier sind zwei Elemente kombiniert worden, die sich stilistisch und qualitativ stark unterscheiden. Die schlichte dreischübige Biedermeierkommode mit sehr schönem Furnierbild dürfte um 1820 hergestellt worden sein. Dagegen stammt der Tabernakelaufsatz mit Schreibklappe aus der Zeit um 1740. Aus der Marketerie und Bauart zu schließen, handelt es sich um ein Möbel schwäbischer Provenienz, wie schon gesagt in sehr aufwendiger Verarbeitung. Auffallend gut erhalten hat sich die Marketerie mit sehr schönen ornamentalen und figürlichen Motiven. Bemerkenswert sind die originalen Beschläge. In diesem Fall bemißt sich der Wert des Möbels eher nach dem Aufsatz. Wäre das originale Unterteil noch vorhanden, würde der Wert um ein vielfaches höher sein als in dieser Kombination **97**

2.4 Überrestaurierte Möbel

2.4.1 Begriffserklärung mit allgemeinen Beispielen

Im Zusammenhang der einführenden Erläuterung dieses Kapitels haben wir den Begriff »Überrestaurierung« bereits gestreift. Wir erwähnten, daß Möbel schon immer restauriert werden mußten. Damals wie heute ging es neben der Wiederherstellung von Funktionen um die Frage, wie ein Möbel nach der Restaurierung auszusehen hat. Soll es in den Zustand versetzt werden, in dem es war, als das Möbel einst die Werkstatt verlassen hat? Heute wissen wir, daß dieses Ziel an sich überhaupt nicht zu erreichen ist, und man im Bestreben, sich dem Originalzustand soweit wie möglich anzunähern, sehr stark in die Substanz eingreifen muß. Eine Restaurierungskonzeption, die den eben genannten Leitlinien folgt, geht von einem falschen Originalitätsbegriff aus, was zwangsläufig heißt, daß die der Konzeption entsprechenden Maßnahmen zum Verlust erhaltenswerter Substanz führen, also zerstörerisch wirken. In solchen Fällen sprechen wir von Überrestaurierung. Auf den folgenden Seiten wollen wir einige typische Beispiele dafür zeigen. Darüber hinaus soll anhand der konkreten Restaurierungsgeschichte eines Möbels demonstriert werden, wie verhängnisvoll sich eine Überrestaurierung auswirken kann.

Abgelaugter Kleiderschrank

Am Beispiel dieses einfachen Weichholzschrankes, um 1900, wollen wir die Problematik des Ablaugens erörtern. In den letzten Jahren ist es geradezu zu einer Modeerscheinung geworden, Weichholzmöbel einfacher Machart wie Schränke, Kommoden und Buffets im Sinne eines nostalgisch-rustikalen Landhausstiles umzugestalten. Unzählige Möbel in diesem Stil findet man auf Flohmärkten und neuerdings verstärkt in Möbelhäusern. Alle diese Möbel werden nach dem gleichen Verfahren bearbeitet. Zunächst kommen sie in ein Natronlaugebad. Danach werden sie gesäubert, wobei häufig sogar Dampfstrahlgeräte eingesetzt werden. Da nach dieser Prozedur die Oberflächen rauh sind, müssen sie geschliffen werden. Um das matte Erscheinungsbild zu verschönern, wird das Holz eingeölt und gewachst, wobei es als besonders chic und verkaufsfördernd gilt, wenn biologische Produkte verwendet werden. Viele Liebhaber dieser Möbel sind guten Glaubens, daß das abgelaugte Möbel den ursprünglichen Zustand zeigt, also durchaus ein Original ist. Dem ist keineswegs so. Dagegen ist zu sagen, daß nur in den seltensten Fällen Holzoberflächen in Weichholz natürlich belassen worden sind. Nach dem Geschmack vergangener Zeiten war es unmöglich, billiges Holz wie Fichte oder Kiefer einfach so zu zeigen. Man hat deswegen je nach Gebrauchszweck die Obeflächen gestaltet. Küchenmöbel wurden demnach in hellen deckenden Ölfarben gestrichen, bei Möbeln im Wohnbereich hat man gerne durch die sogenannte Maserierung edlere Hölzer vorgetäuscht **98**

Maserierter Blender

Auf den ersten Blick vermutet der Betrachter einen Schreibschrank, wie er vom Biedermeier bis zum Historismus üblich war. In Wirklichkeit handelt es sich um einen eintürigen Schrank mit Kopfschublade. Jedoch ist die Oberfläche der Tür durch die Rahmenkonstrution so gestaltet, daß ein Schreibschrank vorgetäuscht wird. Hier ist aber nicht allein ein Schreibschrank vorgetäuscht worden. Aufgrund der kunstfertigen Handwerkstechnik muß der Betrachter dieses Möbels annehmen, daß es aus Eichenholz hergestellt worden ist. Nur, die offensichtliche Eichenholzmaserung ist nicht echt, sie ist auf Fichtenholz aufgemalt. Diese kunstfertige Technik, die bis in unser Jahrhundert zum selbstverständlichen Inventar des Malerhandwerks gehörte, diente dazu, Weichholzmöbel hochwertiger erscheinen zu lassen. Man konnte mit ihr grundsätzlich jede Holzart imitieren. Viele der von uns als nostalgisch-rustikal bezeichneten abgelaugten Möbel waren einst so gestaltet. Beim rücksichtslosen Ablaugen geht dann ein Dokument handwerklicher Tratition unwiederbringlich verloren **99**

**Detailansicht einer völlig verun-
stalteten Kommode, um 1830**
Ursprünglich war sie farblich gefaßt. Nach
dem Ablaugen ist die Holzoberfläche hier
geradezu malträtiert worden. Die tiefen
Schleifspuren sind dem Möbel mit einer Tel-
lerschleifmaschine zugefügt worden. Die
Griffe nebst Schlüsselschildern sind danach
stilwidrig angebracht worden. Erstaunlich
ist, daß auch ein derart entstelltes Möbel
einen Käufer gefunden hat   **100**

Freigeschliffene Wurmgänge
Eine der häufigsten Todsünden der Überrestaurierung zeigt dieses Furnierbild der Seitenwand einer Barockkommode. Holzwurmbefall an solchen Möbeln ist bekanntermaßen nicht ungewöhnlich. Nicht natürlich
allerdings ist dieses Schadensbild, das erst
durch Abschleifen entstanden ist.
Holzwurmbefall äußert sich durch kleine
kreisrunde Löcher an der Oberfläche (vgl.
Abb. 13), aus denen die entwickelten Insek-
ten nach langem Larvenstadium ausfliegen.
Typisch ist, daß die Holzwurmlarven während ihrer Entwicklungszeit knapp unter
der Holzoberfläche Fraßgänge bilden.
Schleift man das befallene Holz an, legt
man dadurch die Fraßgänge frei. Statt der
verhältnismäßig unauffälligen kleinen
Löcher wird dann ein Netz fadenförmig ver-
laufender Streifen sichtbar, wie es hier gut
zu sehen ist. Freigelegte Wurmgänge beweisen also, daß geschliffen worden ist   **101**

Geschliffene Marketerie

Dieses Bild spricht für sich. Die hochwertige Marketerie dieses eintürigen Aufsatzes, um 1750, zeigt keinerlei Gebrauchsspuren. Alterungsfarbtöne sind nicht mehr vorhanden. Die starken Kontraste im Maserungsfarbspiel machen deutlich, daß auch hier das Sägefurnier kräftig geschliffen worden ist 102

Elfenbeinintarsie

An Barockmöbeln, die einen repräsentativen Eindruck machen sollten, sind immer wieder solche Intarsien als auffallende Schmuckelemente eingelegt worden. Um figürliche Kontraste herauszuarbeiten und die Konturen deutlich zu machen, ist die Beinoberfläche graviert und schattiert worden 103

Elfenbeinintarsie, geschliffen

Diese Intarsie war sicher ebenso aufwendig strukturiert wie diejenige des vorigen Bildes. Man sieht, was hier durch unsachgemäßes Schleifen angerichtet worden ist. Das Bildornament hat weitgehend an plastischer Ausstrahlung verloren 104

Damensekretär

Dieser repräsentative Damensekretär, um 1760, zeigt ein
Erscheinungsbild, wie es sich für ein natürlich gealtertes
Möbel gehört. Die ursprünglich starken Kontraste der
hellen und dunklen Hölzer haben sich dezent gemildert.
Es herrscht der warme, natürliche Alterungston vor.
Ebenso erkennt man an der Oberfläche eine Reihe von
Gebrauchsspuren. Zu bemerken ist auch, daß sich die
vergoldeten Beschläge und Applikationen mit der Zeit
dem unaufdringlichem Gesamtbild angepaßt haben **105**

Derselbe Sekretär, überrestauriert

Welch ein Unterschied! Im Vergleich zum vorigen Erscheinungsbild hat sich der Charakter des Möbels völlig verändert. Die Farbkontraste treten in aller Schärfe hervor, dazu passend strahlen die Beschläge und Applikationen in goldenem Hochglanz. Die Gebrauchsspuren sind so gut wie völlig entfernt. Die Oberflächen sind ebenmäßig ohne jede plastische Patina. So erscheint auch der Lacküberzug spiegelglänzend ohne Schattenspiel, kurzum, ein makelloses Möbel steht vor uns. Verantwortlich dafür ist die falsche Vorstellung, daß historische Möbel wieder in einen vermeintlichen Originalzustand gebracht werden sollten. Im einleitenden Kapitel haben wir ausgeführt, daß diese Zielsetzung ausgesprochen fragwürdig ist. Denn erstens wissen wir nicht, wie das Möbel ausgesehen hat, als es die Werkstatt des Schöpfers verlassen hat. Zweitens beraubt man mit einer solchen Vorgehensweise ein altes Möbel seiner historischen Aussagekraft **106**

Dreischübige Barockkommode

Bei diesem Möbel fällt die Überrestaurierung besonders deutlich ins Auge. Durch das Abschleifen sind die Farbkontraste der verwendeten Hölzer unnatürlich stark hervorgetreten. Das Bild der Marketerie wirkt unruhig und unharmonisch **107**

**Zweitüriger
Schreibschrank mit
Klappe, Innenein-
teilung und Kopf-
schublade**   **108**

Das Objekt unserer Beschreibung ist ein Schreibschrank, der um 1780 unter französischen Einflüssen vermutlich im Saarland hergestellt worden ist. Stilistisch kann man das Möbel der Epoche Louis XVI zuordnen. Die aufwendige Marketerie weist auf seinen repräsentativen Zweck hin. Die Besonderheit der Marketerie liegt in der Auswahl der verwendeten Holzarten. Es sind tropische Hölzer wie Paduk, Rosenholz, Palisander und Ebenholz. An einheimischen Hölzern wurden Nußbaum und Ahorn verwendet. Als Konstruktionshölzer dienten Eiche, Buche und Fichte. Gerade wegen der Verwendung tropischen Holzes sind die im Gesamtbild deutlich auffallenden Schäden zu erklären. Gemeint sind die dunklen Stellen, die die Oberfläche der Marketerie verunstalten. So an der Vorderkante des oberen Bodens, an der Traverse unter der Kopfschublade und an der geschweiften Sockelschürze. Diese und noch eine Reihe anderer ähnlicher Stellen sind die Spuren von mindestens fünf Generalüberholungen, denen das Möbel unterzogen worden ist. Mit den folgenden Detailansichten werden wir zeigen, warum die genannten Schäden trotz der vielen gut gemeinten Restaurierungsmaßnahmen entstehen mußten.

Retusche auf einer Furnierergänzung an der Vorderkante des oberen Bodens

Ursprünglich waren alle verwendeten Furniere etwa zwei bis drei Millimeter dick. Man sieht hier deutlich, daß das Furnier nunmehr kaum drei Zehntel Millimeter Dicke aufweist. Das teilweise gelöste Furnier erweckt den Eindruck gewellten Papiers. Nicht nur an dieser Stelle ist es so weit heruntergeschliffen, auch die übrige noch geschlossene Furnierfläche ist meist hauchdünn **109**

Ausschnitt aus dem Furnierbild einer Seitenwand

Links oben sieht man besonders deutlich wie wenig Substanz das Furnier noch hat. Rechts oben an der Oberkante ist das Furnier schon bis aufs Blindholz durchgeschliffen. Das schwache Furnier konnte natürlich auch die Bewegung im Blindholz nicht mehr ausgleichen, es mußte reißen. Ein älterer Riß im oberen Dekorfeld ist ausgekittet, weiter unten hat es sich von neuem geöffnet. Die beiden dunklen Flecken in der rechten oberen Bildhälfte sind keine retuschierten Furnierergänzungen, sondern ausgekittete Furnierausbrüche **110**

Auschnitt aus dem Furnierbild einer Seitenwand
Bei der dunklen, keilförmigen Verfärbung am unteren
Bildrand handelt es sich um eine retuschierte
Furnierergänzung   111

Furnierbild einer abgeschrägten Vorderkante
Auch hier sieht man die Spuren mehrfacher Festaurierung.
Neben der Traverse fällt eine eingepaßte Furnierergänzung auf. Die plastisch hervortretenden schwarzen Verfärbungen sind als Retuschen angebracht worden,
um das freigeschliffene Blindholz zu überdecken   112

Auschnitt aus dem Furnierbild der Schreibklappe
Das Würfelfurnier ist ebenfalls dermaßen abgeschliffen,
daß es nur noch papierdünn ist. Selbst ein an sich
harmloser Schwundriß im Blindholz schlägt deswegen
im Furnier durch. Auch die Blasenbildung in dieser
Form ist typisch   113

Das bisher Gezeigte läßt eigentlich den Schluß zu, daß hier ein Möbel geradezu systematisch zerstört wurde, wobei klar ist, daß dies nicht mit Absicht geschehen sein kann. Es stellt sich also die Frage, was bewog und leitete diejenigen, die dieses repräsentative Objekt überarbeitet haben, so rücksichtslos mit dem Furnier umzugehen, es von ursprünglich drei Millimetern Dicke fast bis zum Grundholz herunterzuschleifen.

Wie eingangs erwähnt, haben wir die Verwendung tropischer Hölzer für das vorliegende Schadensbild verantwortlich gemacht. Wir müssen diese Aussage präzisieren. Die Hölzer selbst können natürlich nicht verantwortlich sein, aber ihre Eigenschaften sind es, die immer wieder den Anlaß gegeben haben, das Erscheinungsbild des Schreibschrankes zu manipulieren. Im folgenden werden wir diesen Zusammenhang verdeutlichen.

Musterholzstück in Padouk
In Struktur und Farbe sieht Padoukholz so aus, wenn es in Bretter geschnitten auf den Markt kommt. Dieses Holz ist als Furnier an unserem Schreibschrank durchweg auf den Korpuskanten und den Rahmen der Seitenfelder verwendet worden **114**

Anschauungstafel zur Demonstration der Farbigkeit tropischer Holzarten

Wer hätte gedacht, daß der hier so satt rot leuchtende
äußere Rahmen aus Padoukholz besteht, wenn man die
Farbe mit der im vorigen Bild gezeigten vergleicht Wir
haben es hier mit einer Erscheinung zu tun, die im Grunde
bei allen Hölzern zu beobachten ist. Besonders extrem
aber sind die Farbumschläge bei tropischen Hölzern.
Padoukholz fällt nur insofern aus der Reihe, als die Farbveränderung bei Lichteinwirkung besonders schnell von-
statten geht. Der dem äußeren Rahmen folgende besteht
aus Palisander. Dessen Eigenschaften haben wir schon
erklärt. Im frisch bearbeiteter Zustand, also gehobelt und
geschliffen, erscheint es fast dunkelviolett, und bei Lichteinwirkung hellt es sich sehr stark auf. Auch das Rosenholz, das an dem Musterstück die Füllungsfe der bildet,
verhält sich ganz ähnlich. Es verliert bei Lichteinwirkung
seine Leuchtkraft und schlägt um in matte gelbliche Töne.
Demgegenüber bleibt Ebenholz farbbeständig, auch das
Ahornholz welches hier neben den Ebenholzeinlagen
zu sehen ist, bleibt ziemlich hell **115**

Das der Mustertafel entsprechende tatsächliche Furnierbild

Hier wird deutlich, wie sich der Schreibschrank von 1780 nach wenigen Jahren verändert hat. Schon um 1800 hat er mit Sicherheit dieses Farbspiel gezeigt. Das rote
Padouk und das violette Palisander haben
sich einander weitgehend angeglichen. Die
Kontraste sind verschwunden. Die ursprüngliche Leuchtkraft des Rosenholzes ist ebenso verblaßt wie die der beiden anderen
Holzarten. Kurzum, das gesamte Möbel hatte
schon früh seine charakteristischen Eigenschaften verloren. Der erste »Restaurator«
hatte es noch verhältnismäßig einfach, die
ursprüngliche Charakteristik wiederherzustellen. Er mußte, um die vormalige Farbigkeit erneut zur Geltung zu bringen, die Oberfläche lediglich abschleifen und neu lackie-
ren. Bei weiteren Überarbeitungen geschah
das Gleiche aus demselben Grund. Notwendige Furnierergänzungen konnten noch verhältnismäßig gut eingesetzt und farblich
angepaßt werden. Doch der Kreislauf ging
weiter. Das Furnier wurde immer dünner,
Furnierverluste häufiger, zum Schluß blieb
nichts mehr anderes übrig, als sich mit Aus-
kitten von Schadstellen und Retuschen
durchgeschliffener Stellen zu behelfen. Eine
weitere Radikalprozedur dieser Art hätte
das Möbel nicht mehr überstanden **116**

2.5 Resümee

Das gezeigte Beispiel ist sicher ein sehr extremes. Hier hat die Überrestaurierung über die Maßen schnell zu ganz offensichtlichen Substanzverlusten geführt. Die Problematik findet sich aber im Grunde bei allen historischen Möbeln.

Warum das so ist, liegt einerseits am Objekt selbst, andererseits aber an den Vorstellungen, die der Liebhaber alter Möbel mit diesen verbindet. Er kommt dabei unbewußt in einen Zwiespalt: Er schätzt alte Möbel gerade deswegen, weil sie alt, einzigartig und unnachahmlich sind. Gleichzeitig schätzt er es verständlicherweise aber gar nicht, wenn man ihnen ihr Alter in Form »störender« Alterungsspuren ansieht. Also ist es für ihn selbstverständlich, daß man hier korrigierend eingreifen muß.

Daß das zu geschehen hat, ist eigentlich keine Frage, denn sonst dürfte man historische Möbel überhaupt nicht restaurieren, man müßte sie so wie sie sind, gewissermaßen wie Skulpturen, in Vitrinen stellen und als museale Relikte vergangener Zeiten unantastbar der Nachwelt als bloße Anschauungsstücke überlassen. Nun sind Möbel aber keine Skulpturen, sie sind geschaffen worden, damit Menschen nicht nur mit ihnen leben, sondern sie auch benutzen.

Problematisch wird die Sache erst dann, wenn die Korrektur von Alterungsprozessen als Rückführung auf ein gedachtes Idealbild begriffen wird. Auch das ist an sich ganz verständlich, denn die Betrachtung alter Möbel läßt sich nicht von ästhetischen Empfindungen trennen, und es ist keine Frage, daß Alterungsspuren dieses Empfinden stören können. Mit dem Verlangen, möglichst alle störenden Alterungsspuren zu beseitigen, ist somit unbewußt der Wunsch nach einer Verjüngung alter Möbel verbunden. Das Ergebnis dieser Verjüngung kann subjektiv durchaus ein »schöneres« Möbel sein.

Da der Mensch ein endliches Wesen ist, wird ihm aber das Dilemma meist nicht bewußt, welche Konsequenzen damit verbunden sind. Ein altes Möbel wird auch in hundert oder zweihundert Jahren noch ein altes Möbel sein. In dieser Zeit altert es unaufhaltsam weiter, verändert sich, wird wieder in Sachen Ästhetik zur Disposition gestellt. So entsteht, wie gezeigt, der Teufelskreislauf der Überrestaurierung. Diesen Kreislauf zu durchbrechen ist schwierig. Dabei spielt auch der Kunsthandel eine nicht unbedeutende Rolle. Der Möbelliebhaber hat das Bild vor Augen, wie die Objekte seiner Liebhaberei auszusehen haben. Der Kunsthandel stellt sich auf diese Nachfrage ein und bietet alte Möbel so an, daß sie den ästhetischen Erwartungen entsprechen. Er prägt damit auch den Geschmack zukünftiger potentieller Kunden.

Um das Paradoxon aufzulösen, daß Möbel zwar alt, gleichzeitig aber möglichst makellos sein sollen, ist also ein Wandel der Wertmaßstäbe notwendig, nach denen historische Möbel zu beurteilen sind.

3. Verantwortungs- bewußte Restaurierung

3.1 Problemstellung

Das zweite Kapitel schlossen wir mit der These, daß ein Bewußtseinswandel in der Einstellung zu Möbeln als Zeugnissen des kulturellen Schaffens vergangener Zeiten notwendig sei. Bei anderen kunsthistorischen Objekten ist man hier schon wesentlich weiter, in dem Sinne, daß alle Maßnahmen, die zum Substanzverlust führen, abzulehnen sind. Früher ist man auch wesentlich unbefangener mit Bildern, Skulpturen und archäologischen Fundstücken umgegangen. Man hat ohne Bedenken unansehnliche Farbfassungen entfernt, dunkle Firnisse abgenommen, Malereien ergänzt oder übermalt. Man hat an Skulpturen bedenkenlos Ergänzungen vorgenommen. Viele solcher Objekte wurden in neuer Zeit wieder mühsam, soweit das möglich war, »entrestauriert«, das heißt Ergänzungen wurden wieder entfernt und nachträgliche Farbschichten abgenommen. Kein Mensch käme heute mehr auf die Idee, ein freigelegtes mittelalterliches Fresko farblich aufzufrischen und Fehlstellen zu ergänzen. Ebenso ist es unvorstellbar, eine Steinskulptur sandzustrahlen und anschließend so zu polieren, daß sie aussieht, als ob sie eben die Werkstatt des antiken Bildhauers verlassen hätte. Der Kunstliebhaber akzeptiert heutzutage ohne weiteres eine teilweise vom Holzwurm zerfressene Plastik mit unvollständigen Gliedmaßen und fragmentarischer Farbfassung.

Bei Möbeln kann man so weit natürlich nicht gehen. Sie sind wie schon mehrfach gesagt, Gebrauchsgegenstände, die man auch benutzen möchte. Ein Schrank steht nunmal nicht auf drei Füßen, und eine schiefhängende Schranktür läßt sich nicht schließen. Fehlstellen wie Furnierausbrüche an Möbeln sind vom ästhetischen Empfinden her im Vergleich zu einer un-

vollständigen Plastik bei allem Verständnis von geschichtlicher Werthaftigkeit nicht hinzunehmen. Von daher lassen sich historische Möbel mit anderen Kunstwerken oder kunstgewerblichen Gegenständen nicht ohne weiteres vergleichen. Bei der Möbelrestaurierung kommt man nicht umhin, fehlende Substanz zu ergänzen. Aber ein entscheidender Punkt ist dennoch vergleichbar, nämlich die Respektierung der vorliegenden Substanz. Das heißt nichts anderes als die Akzeptanz von Alterungs- und Gebrauchsspuren und die Überwindung der Vorstellung von makellosen historischen Möbeln.

Aus der Zusammenfassung des eben Gesagten ergibt sich der Inhalt dessen, was wir als verantwortungsbewußte Restaurierung bezeichnen wollen. Im Vordergrund steht die Respektierung der Originalität, wie wir sie im ersten Kapitel definiert haben. Es geht also darum, alle Maßnahmen zu vermeiden, die Originalität zerstören, mindern oder verfälschen.

So einleuchtend und einfach diese Definition sein mag, so schwierig ist es, sie in der praktischen Restaurierung umzusetzen. Was dazu notwendig ist und wie die Durchführung restauratorischer Maßnahmen in diesem Sinne zu erfolgen hat, soll im weiteren erklärt und an Beispielen erläutert werden.

3.2 Anforderungen an den verantwortungsbewußten Restaurator

Es ist eine Selbstverständlichkeit, daß die Qualität einer Restaurierung vom Restaurator abhängt. Er ist derjenige, der alte Möbel, die nicht so belassen werden können, wie sie sind, direkt vom Kunden oder vom Kunsthandel zur Bearbeitung bekommt. Wie wir gezeigt haben, spielt sicherlich auch die Erwartungshaltung des Kunden eine Rolle, aber ebenso entscheidend kann auch sein, oder besser sollte sein, welche Vorstellungen der Restaurator selbst von seiner Tätigkeit hat.

Es ist keine Frage, daß zur Durchführung restauratorischer Maßnahmen auch handwerkliche Fähigkeiten notwendig sind, so beispielsweise bei der Behebung ganz alltäglicher Schäden, wie losen oder fehlenden Furnierteilen. Sie müssen selbstverständlich festgeleimt oder ergänzt werden. Das geschieht dadurch, daß Leim unter das lose Furnier gegeben oder daß ein passendes Furnierstück ausgesägt und eingesetzt wird.

Selbst bei solchen verhältnismäßig einfachen Arbeitsgängen kann es aber problematisch werden, wenn nur unter handwerklich-technischen Gesichtspunkten an die Sache herangegangen wird. Das fängt schon mit der Leimauswahl an, wenn etwa ein handelsüblicher Weißleim verwendet wird. Solche Leime sind zwar technisch hervorragend, aber sie sind nicht reversibel. Das kann dann verhängnisvoll werden, wenn es bei einem späteren Schaden, wie einem Schwundriß, notwendig wird, das Furnier großflächig anzulösen. Der mit Weißleim gefestigte Furnierbereich läßt sich dann nur mit mechanischen Mitteln und der Gefahr grober Beschädigungen ablösen. Ein weiteres Problem bei der Verwendung von modernem Leim ist dadurch gegeben, daß durch Pressen austretende Leimsubstanz die umliegende, noch intakte Lackoberfläche zerstören kann.

Bei Ergänzungen wird üblicherweise ein etwas dickeres Furnier ausgewählt, um es nach dem Pressen der umgebenden Fläche anpassen zu können. Dies geschieht durch Bündighobeln. Wenn hier nicht mit äußerster Sorgfalt vorgegangen wird, kann das umliegende Furnier angehobelt werden, so daß sich der Farbton an diesen Stellen gegenüber dem der übrigen Flächen auffallend verändert. Das heißt, die durch natürliche Alterung nachgedunkelte oder aufgehellte Schicht wird abgenommen. An diesen Stellen erscheinen Farbtöne frischen Holzes. Die an sich kleinen Fehler wie zerstörter Lacküberzug oder weggehobelter Alterungsfarbton betrachtet der so Restaurierende als Lapalie. Von seinem handwerklichen Verständnis her vermag er nämlich nicht zu erkennen, welchen Schaden er mit dem nun zwangsläufig folgenden Arbeitsgang anrichtet, nämlich die nun fleckig gewordene Oberfläche in ein einheitliches Bild bringen zu müssen. Das heißt, er egalisiert die Oberfläche, indem er nicht nur Lacküberzüge abnimmt, sondern auch das Furnierholz großflächig abschleift. Am Beispiel der Überrestaurierung haben wir gezeigt, daß diese Arbeitsweise zwangsweise zu Folgeschäden führen muß. Weitere Folgeschäden entstehen dann, wenn Farbunterschiede zwischen Ergänzungen und abgeschliffener Oberfläche immer noch auffallend sind. In diesen Fällen werden die Ergänzungen durch Beizen oder Überstreichen mit eingefärbtem Lack dem umgebenden Farbton angeglichen. Unter dem neu aufgetragenen Lack führt der Alterungsprozeß des Holzes dazu, daß die retuschierten Ergänzungen im Laufe der Zeit unharmonisch hervortreten. Die gleichen Restaurierungsmaßnahmen werden wieder notwendig. Wenn das öfter geschieht, führt das dazu, daß die Furniere bis zum Durchschleifen reduziert werden und Originalität immer weiter zerstört wird.

An diesen zwei Beispielen wird deutlich, daß gute handwerkliche Fähigkeiten alleine nicht genügen, um der Zielsetzung verantwortungsbewußter Möbelrestaurierung gerecht zu werden. Nach längerer, sehr konträrer Diskussion in den siebziger und achtziger Jahren hat sich diese Erkenntnis unter Fachleuten auch allgemein durchgesetzt. Das Ergebnis dieser Diskussion war zum einen die Neubestimmung des Stellenwertes der Tätigkeit des Möbelrestaurators und zum anderen die Schaffung neuer Ausbildungsgänge. Das heißt, das Anforderungsprofil des Möbelrestaurators wurde vom Tischlerhandwerk gelöst und in ein eigenständiges Berufsbild mit entsprechend neuen Ausbildungsinhalten überführt.

Angehende Möbelrestauratoren müssen zunächst ein zwei- bis dreijähriges Praktikum in Restaurierungswerkstätten von Museen oder in privaten Restaurierungsateliers absolvieren. Nach einer anspruchsvollen Aufnahmeprüfung können sie dann an einer Fachhochschule zum Studium zugelassen werden. Nach acht Semestern Studium erfolgt die Prüfung zum Diplom-Restaurator. Der Beruf des Diplom-Restaurators für Möbel erfordert also zunächst einmal die Eingangsvoraussetzung der Fachhochschulreife und einen relativ langen Ausbildungsgang.

Diese hohe Qualifikation ist zweifellos auch notwendig, weil uns heute die besondere Verantwortung des Möbelrestaurators bewußt ist. Schließlich hat er es mit unersetzlichen Originalen zu tun. Deswegen muß er auch in der Lage sein, sich methodisch-wissenschaftlich mit den Objekten, die seiner Verantwortung übergeben sind, auseinandersetzen zu können. Das heißt, er muß seine restauratorischen Maßnahmen, die ja immer Eingriffe in die originale Substanz bedeuten können, in ihren Konsequenzen abwägen können. Konkret bedeutet das, im Gegensatz zum handwerklich orientierten Macher, der ein unreflektiertes Bild des Möbels vor Augen hat, wie es nach der Restaurierung auszusehen hat, nämlich möglichst makellos, muß sich der gewissenhafte Restaurator wesentlich intensiver mit dem Objekt auseinandersetzen.

Beim verantwortungsbewußten Restaurator erwächst die Vorstellung vom späteren Erscheinungsbild des Möbels nach vorausgegangener Untersuchung der historischen Substanz und der Abwägung aller Möglichkeiten, diese Substanz soweit wie möglich zu erhalten. Das aber ist nur möglich, wenn er das nötige Wissen hat, das es ihm erlaubt, die historische Substanz richtig einzuordnen.

Das hier skizzierte Anforderungsprofil für den Möbelrestaurator kann man auf folgende griffige Formel reduzieren: Er muß Generalist und Spezialist in einer Person sein. Das heißt, er bestimmt die Zielsetzung der Restaurierung, und er setzt

diese Ziele auch praktisch um. Zunächst muß er aus einem großen Fundus verschiedener Wissensgebiete schöpfen können. Der Bogen spannt sich hier von den Geistes- bis zu den Naturwissenschaften. Aus der Einsicht in kulturgeschichtliche Zusammenhänge erwächst das Bewußtsein, daß historische Möbel formgewordene Geschichte verkörpern, die es zu respektieren gilt. Aus diesem Bewußtsein heraus muß es für den Restaurator prinzipiell völlig unerheblich sein, welchen materiellen Marktwert ein Objekt nach heutigen Maßstäben hat. ob es sich beispielsweise um eine Barockkommode für 30 000 DM oder um einen einfachen Weichholzschrank für 2000 DM handelt.

Das Wissen um die verschiedensten Materialien, die unterschiedlichsten Handwerkstechniken und chemischen Zusammensetzungen ermöglicht ihm dann die qualifizierte Entscheidung im Hinblick auf die Auswahl der Restaurierungsmaßnahmen, die er verantworten kann. Die Respektierung der Aussagekraft alter Möbel ist aber keineswegs lediglich moralischer Selbstzweck, sondern mit ihr ist zwangsläufig auch die Wertfrage verbunden.

Gegenwärtig wird dies häufig noch nicht so deutlich gesehen, noch immer steht das Bestreben im Vordergrund, alte Möbel in ein makelloses Erscheinungsbild zu bringen. An unseren Beispielen zum Thema Überrestaurierung haben wir aber gezeigt, wohin solche Vorstellungen zwangsläufig führen müssen. Schließlich gibt es nur einen begrenzten Bestand an alten Möbeln, der immer wieder restauriert werden muß. Wenn dabei die Grundsätze der verantwortungsbewußten Restaurierung nicht zum Zuge kommen, wird es nicht ausbleiben, daß immer mehr überrestaurierte, in ihrer Substanz stark beeinträchtigte Möbel auf den Markt kommen.

Die Folge wird sein, daß Möbel von großer Originalität immer seltener werden und an materiellem Wert gewinnen. Damit erwächst dem Möbelrestaurator eine weitere verantwortungsvolle Aufgabe gegenüber seinen Auftraggebern. Da die Grundsätze des verantwortungsbewußten Restaurators häufig im Widerspruch zu den Vorstellungen der Kundschaft stehen, und auch das Problem möglicher kunsthistorischer und materieller Wertminderung vom laienhaften Standpunkt aus nicht gesehen werden kann, hat der Restaurator diesbezüglich Aufklärungsarbeit zu leisten. Das heißt, er muß im Zweifelsfall gegenüber den Auftraggebern seine Position, auch mit dem nötigen Fingerspitzengefühl, konsequent vertreten. Ganz konkret muß er den Kunden mit einbeziehen und sich die Mühe machen, seine Restaurierungskonzeption zu erklären. Kurzum, nach den Informationen des Restaurators sollte auch der Laie ein Grundverständnis von verantwortungsbewußter Restaurierung haben.

3.3 Zur Praxis verantwortungsbewußter Möbelrestaurierung

3.3.1 Grundsätzliches

Wenn man Möbelrestaurierung früher im Gegensatz zu heute vergleicht, ist die Behauptung erlaubt, daß es der Restaurator früher leichter hatte. Wie wir gezeigt haben, war das übergeordnete Ziel aller Restaurierungsmaßnahmen leicht zu definieren, nämlich ein Möbel wieder in den Zustand pro ante zurückzuversetzen.

Heute ist der Zielkorridor einerseits schmaler, andererseits aber auch wieder breiter geworden. Schmaler insofern, als das Leitziel Substanzerhaltung die Tätigkeit des Restaurators eng begrenzt. Breiter wird er allerdings durch den Umstand, daß Möbel Gebrauchs- und Ziergegenstände sind. Das heißt unabdingbare Ziele sind sowohl die Sicherung oder Wiederherstellung der Gebrauchsfähigkeit als auch das Erreichen eines befriedigenden ästhetischen Gesamteindrucks. So gesehen bewegt sich der Restaurator immer in einem Zielkonflikt, weil die Dimensionen der Gebrauchsfähigkeit und des ästhetischen

Empfindens nicht eindeutig definierbar sind. Von daher kann es nicht ausbleiben, daß selbst unter der Prämisse, substanzmindernde Maßnahmen unter allen Umständen zu vermeiden, die Ergebnisse der Restaurierung von Restaurator zu Restaurator unterschiedlich ausfallen können. In gewisser Weise läßt sich hier ein Vergleich mit der Tätigkeit des Architekten ziehen. Auch er bekommt feste Vorgaben, wie Preis, Bauplatz und Baukörpervolumen, und selbstverständlich kommen die unterschiedlichsten Ergebnisse zustande.

Wie gesagt, eine Einheitsrestaurierung gibt es nicht, aber es gibt heutzutage eine einheitliche Methodik, nach der jede Restaurierung vorbereitet und begründet werden muß. Die grundsätzlichen, methodischen Arbeitsschritte sind: erstens die Untersuchung des Möbels, zweitens die Konzeption der Restaurierung und drittens die Restaurierungsmaßnahmen. Wir wollen zunächst die wesentlichen Unterpunkte zu diesen Arbeitsschritten vorstellen. Danach folgt die zusammenfassende Dokumentation am Beispiel eines Objektes.

3.3.2 Untersuchung

Die Untersuchung hat den Zweck, sich ein umfassendes Bild von dem zu restaurierenden Objekt zu verschaffen. Untersuchungsgegenstände sind:

1) Allgemeine Beschreibung
   – Stilistische Merkmale, Entstehungszeit, geschichtliche Daten
2) Vorhandene Materialien
   – Holz, Metall, andere Stoffe
   – Oberflächenüberzüge
3) Konstruktion
   – Bauweise
   – Verbindungstechniken
4) Beschläge
   – Schlösser, Scharniere, Griffe usw.
5) Schmuckelemente
   – Marketerie, Verzierungen aller Art
   – Profile

6) Zustandsbeschreibung
   – Schadensbilder
7) Frühere Restaurierungen

3.3.3 Konzeption

Die Untersuchung ist kein Selbstzweck, sondern die aus ihr gewonnenen Informationen ermöglichen erst die Diskussion darüber, welche restauratorischen Maßnahmen überhaupt in Frage kommen können, wobei substanzgefährdende Eingriffe nicht zur Debatte stehen. Sie ist also die Voraussetzung zur Festlegung der Leitziele, denen sich die Restaurierungsmaßnahmen unterzuordnen haben. Das Problem dabei ist, daß die Erkenntnisse aus der Untersuchung neutral sind. Das heißt, Leitziele können aus ihnen nicht zwingend abgeleitet werden. Ihre Festlegung hängt zunächst einmal davon ab, welche Anforderung an das zu restaurierende Möbel zukünftig gestellt werden, beispielsweise wie es benutzt wird und welchen räumlich-klimatischen Bedingungen es ausgesetzt ist. Daraus kann sich dann ein erstes Leitziel ergeben, nämlich Funktionen für den täglichen Gebrauch wieder herzustellen. Dazu gehören auch konstruktiv notwendige Ergänzungen, wie fehlende Möbelfüße, Schlösser oder Laufleisten für Schubkästen. Ebenso muß abgewogen werden, inwieweit ästhetischen Ansprüchen genügt werden kann, ohne Substanzverletzung in Kauf nehmen zu müssen.

Vor dem Hintergrund dieser Voraussetzungen entwickelt der Restaurator zunächst Arbeitshypothesen. Liegt beispielsweise ein Objekt mit einer gut erhaltenen, allerdings stark verschmutzten Oberfläche vor, so bietet sich als ein weiteres Leitziel die Erhaltung des vorhandenen Lacküberzuges an. Ob das hypothetische Ziel verfolgt werden kann, muß sich in diesem Fall nach einer Überprüfung erst erweisen. Die Erhaltung des Lacks kann als Ziel nur aufrecht erhalten werden, wenn eine Reinigung möglich ist, welche den Lack selbst nicht angreift.

Bei der Festlegung von Leitzielen im Hinblick auf den ästhetischen Gesamteindruck spielen zwei weitere Probleme eine große Rolle. Gemeint sind erstens Gebrauchsspuren. Dabei bleibt abzuwägen, inwieweit solche Spuren zu Substanzverlust geführt haben, oder ob sie nur oberflächlich sind, in Form von Druckstellen oder Verfärbungen. Ein zweites Problem sind häufig fehlende Teile und mehr oder weniger passende Ergänzungen. Auch hierbei gilt es abzuwägen, ob und wie ergänzt wird, ob unsachgemäße Ergänzungen belassen werden können oder ob sie ausgetauscht werden sollen.

Damit wird deutlich, was wir unter dem Eingangs erwähnten breiten Zielkorridor verstehen, in dem sich der Restaurator bewegt. Es wird auch deutlich, daß eine qualitativ hochwertige Restaurierung nur möglich ist, wenn es gelingt, ausgehend vom Untersuchungsbefund, Leitziele so zu setzen, daß ein optimaler Kompromiß zwischen Erhaltung historischer Substanz, Gebrauchsfähigkeit und ansprechendem ästhetischen Erscheinungsbild erzielt wird.

3.3.4 Restaurierungsmaßnahmen

Die beste Untersuchung und die fundierteste konzeptionelle Zielsetzung sind wenig wert, wenn der Restaurator nicht in der Lage ist, die Vorgaben auch umzusetzen. Zum einen muß er sich in ein Objekt »hineindenken« und sich mit ihm identifizieren können. Zum anderen muß er neben dem inneren Bezug zum Objekt auch über das notwendige handwerkliche Fingerspitzengefühl verfügen, das es ihm ermöglicht, nur das zu tun, was notwendig ist, und zwar so, daß seine Tätigkeit möglichst unauffällig bleibt.

Zur Illustration des bisher Gesagten werden wir nun an einem Beispiel zeigen, wie eine Untersuchung mit der daraus folgenden Restaurierungskonzeption aussehen kann. Zu bemerken ist allerdings, daß es sich hier um ein prominentes Stück handelt, bei dem die Untersuchung besonders akribisch vorgenommen worden ist. Das heißt aber nicht, daß fundierte Untersuchungen in der Praxis verantwortungsbewußter Restauratoren die Ausnahme sind. Vielmehr darf jeder Kunde, der ein Möbel zur Restaurierung gibt, erwarten, daß der Restaurator seine Restaurierungskonzeption begründet und die Restaurierungsmaßnahmen nachvollziehbar schriftlich dokumentiert. Damit ist gewährleistet, daß bei späteren notwendigen Restaurierungen der Restaurator weiß, was sein Vorgänger gemacht hat. Demzufolge kann der aktuelle Restaurator unnötige oder gar schädliche Maßnahmen vermeiden. Wenn ihm beispielsweise bekannt ist, womit Furnierergänzungen geleimt worden sind, weiß er, wie er sie lösen und wieder festigen kann. Ebenso wichtig ist, daß er der Dokumentation seines Vorgängers entnehmen kann, welche Lacküberzüge oder welche Materialien verwendet worden sind.

Leider ist es heute noch gang und gäbe, selbst hochwertigste Möbel ohne jegliche Restaurierungsdokumentation zu handeln. Daß das so ist, liegt sicherlich am fehlenden Wissensstand der möglichen Käufer, aber auch, wie wir gezeigt haben, in der Absicht der Verkäufer, vorgenommene Maßnahmen zu verschweigen, vor allem dann, wenn es sich um »Restaurierungen« handelt, die wir als Überrestaurierungen bezeichnet haben. Für den Käufer, der viel Geld für angeblich hochwertige Originale ausgibt, kommt es aber darauf an, daß er um diese Zusammenhänge weiß. Wenn der Käufer also in Zukunft auf Restaurierungsdokumentationen besteht, läuft er weniger Gefahr, getäuscht zu werden. Auf der anderen Seite wird dann auch der Kunsthandel entsprechend reagieren. Die positive Folge wird sein, daß das willkürliche Verschönern alter Möbel zu Gunsten besserer Restaurierung zurückgedrängt werden wird.

3.4 Möbeluntersuchung und Entwicklung einer Restaurierungskonzeption am Beispiel der Schreibkommode von Friedrich Schiller

3.4.1 Zur Geschichte des Möbels

Im Schiller-Nationalmuseum in Marbach am Neckar befinden sich drei Schreibmöbel aus dem Besitz der Dichterfamilie: der Schreibsekretär der Schwiegermutter Luise von Lengefeld, das Zylinderbureau der Gemahlin Charlotte und Friedrich Schillers eigene Schreibkommode. Alle drei Möbel haben sich über die jüngste Tochter Emilie von Gleichen-Rußwurm (1804–1872) vererbt.

Schillers Schreibkommode war bis 1932 Bestandteil des Schiller-Archivs auf Schloß Greifenstein bei Bonnlanden in Unterfranken, dem Wohnsitz der Familie von Gleichen-Rußwurm. Sie diente dort, wie ein Inventarverzeichnis vom August 1875 nachweist, der Aufbewahrung von Gegenständen aus dem Nachlaß des Dichters. Sein Urenkel, Karl Alexander Freiherr von Gleichen-Rußwurm (1865–1947), übergab das Möbel zusammen mit zahlreichen Erinnerungsstücken und Bildern 1932 dem Schiller-Nationalmuseum, wo es 1934 in die damals neukonzipierte Dauerausstellung integriert wurde und bis 1978 ausgestellt blieb.

Bei der Marbacher Schreibkommode handelt es sich aller Wahrscheinlichkeit nach um das Möbelstück, das sich Schiller beim Antritt seiner Professur in Jena herstellen ließ. Er bezog dort am 11. Mai 1789 eine möblierte Wohnung in der sogenannten Schrammei, dem Haus der Schwestern Schramm in der Jenergasse 26. Am 13. Mai schrieb er an seinen Dresdener Freund Christian Gottfried Körner: »Mein Logis habe ich über meine Erwartung gut gefunden. Der freundliche Anblick um mich herum gibt mir eine sehr angenehme Existenz. Es sind drei Piecen, die ineinander laufen, ziemlich hoch, mit hellen Tapeten, vielen Fenstern, und alles entweder

ganz neu oder gut conservirt. Meubles habe ich reichlich und schön: zwei Sophas, Spieltisch, drei Commoden, und anderthalb Duzend Sessel mit rothem Plüsch ausgeschlagen. Eine Schreibcommode habe ich mir selbst machen lassen, die mich zwei Caroline kostet, und gewiß auf drei zu stehen kommen würde. Dies ist, wonach ich längst getrachtet habe, weil ein Schreibtisch doch mein wichtigstes Meuble ist, und ich mich immer damit habe behelfen müssen.« (Schillers Werke, Nationalausgabe, Bd. 25, Weimar 1979, S. 254).

Wie lange der Dichter das Möbel in Gebrauch hatte und wo es später, insbesondere nach der Übersiedelung nach Weimar 1799, aufgestellt war, ist nicht bekannt. Aus dem jetzigen Erscheinungsbild ist jedoch zu schließen, daß die Schreibkommode auch nach dem Tod des Dichters noch benutzt worden ist. Ihr ideeller und sachlicher Wert muß jedenfalls hoch eingeschätzt worden sein, denn aufgetretene Schäden in Form von Abnutzungsspuren und Umwelteinwirkungen sind jeweils durch verhältnismäßig aufwendige Repa-

Vorderansicht der Schreibkommode von Friedrich Schiller mit herausgezogener Schreibplatte, Höhe 115 cm. Marbach, Schiller-Nationalmuseum, Inv.-Nr. 5078   **117**

raturen behoben worden. Trotzdem oder gerade deshalb ist die Originalsubstanz, von geringfügigen Modifikationen abgesehen, gut erhalten geblieben. Schriftliche Belege früherer Restaurierungsmaßnahmen existieren nicht. Die einzigen vorhandenen Dokumente sind Ansichts- und Schnittzeichnungen im Maßstab eins zu zehn, die im Wintersemester 1949/1950 vermutlich von einem Architekturstudenten der TH Stuttgart angefertigt worden sind.

3.4.2 Allgemeine Beschreibung

Bei der Schreibkommode handelt es sich, verglichen mit höfischen Möbeln aus dieser Zeit, um ein verhältnismäßig schlichtes Schreibmöbel. Im Vordergrund stand der Gebrauchsnutzen, was in Anbetracht der knappen finanziellen Mittel Schillers nicht verwunderlich ist. Das Möbel besticht durch eine harmonische Linienführung, durch die guten Proportionen und die sparsamen, aber wirkungsvollen Verzierungen. Diese sind der Architektur des Möbels untergeordnet und runden den ästhetischen Gesamteindruck ab. So werden die Bogen der Seitenwangen, zwischen denen der Rollzylinder läuft, nach oben als Kielbögen weitergeführt. Damit verjüngt sich der Korpus des Schreibkastens, die Ablageplatte wird schmaler, die Proportionen gefälliger, und er wirkt geradezu elegant.

Möglicherweise erklären sich die gelungenen Proportionen aus der Erfahrung und dem sicheren Formgefühl des Tischlers. Doch ist es auch durchaus möglich, daß beim Entwurf die Gliederung der Vertikalen nach den Regeln des Goldenen Schnittes angestrebt wurde. Für die Teilung nach dem Goldenen Schnitt ergibt sich überschlägig das Verhältnis fünf zu acht. Die Gesamthöhe des Möbels beträgt 115 Zentimeter, die Teilung müßte demnach bei etwa 72 Zentimetern liegen. In der Tat verläuft genau in dieser Höhe die Unterkante der oberen Kommodenzarge.

Der zweischübige Kommodenunterbau steht auf konischen Vierkantbeinen und ist nach oben durch die herausziehbare Schreibplatte abgedeckt. Das aufgesetzte Schreibteil mit Innenteilung wird durch eine Zylinderrollklappe fest verschlossen. Schreibplatte und Rollzylinder sind durch Stahlschienen miteinander so verbunden, daß beim Herausziehen der Platte der

Rechte Seitenansicht der Kommode **118**

Deckel geöffnet wird. Die Innenteilung des Schreibkastens umfaßt vier kleine Schubkästen, zwischen denen ein Fach liegt, das durch einen seitlich laufenden Rolladen geschlossen wird. Den oberen Abschluß bildet ein dreiseitiges Geländer zwischen quadratischen Eckpfosten auf der Ablageplatte.

3.4.3 Verwendete Materialien

Holzwerkstoffe
Als Blindholz ist durchweg Kiefer verwendet worden. Aus dem gleichen Material bestehen auch die Schubkästen. Aus massivem Birnbaumholz sind die Beine, die Aufdoppelungen auf den Schubkastenvor-

Schreibkommode nach der Restaurierung

derstücken, die Bögen der Schreibklappen-
führung, das konkave Verbindungsstück
zwischen den Kielbögen über der Schreib-
klappenöffnung, das Geländer und die
Aufleistungen. Die seitlichen Einfassungen
des Mittelfachs im Schreibkasten wurden
aus Kirschbaumholz gefertigt. Ahorn und
Zwetschgenholz finden sich als schmale
Adern an den Lamellen des Rolladens im
Schreibkasten sowie als Knöpfe der kleinen Schubkästen. Als Furnier ist durchweg
Birnbaumholz verwendet worden.

Metallwerkstoffe
Die Griffbeschläge bestehen aus vergoldetem Messingguß, Schloß nebst neuerem
Schlüssel aus Stahlblech beziehungsweise
Guß, ebenso Schrauben und Schienen
für den Schließmechanismus des Rollzylinders. In einem auf der Vorderkante
des oberen Bodens aufgeschraubten Mes-
singschildchen sind die Worte »Schillers
Schreibtisch« eingraviert.

3.4.4 Konstruktion

Die Kommode ist in Stollenbauweise gefertigt, wobei die Seitenteile konstruktive
Einheiten bilden. Das heißt, zwischen den
im Querschnitt quadratischen Beinen, welche die Stollen bilden, sind die Seitenwände eingenutet. Sie bestehen aus verleimtem
Kiefernholz mit jeweils einer bündigen
Gratleiste, die ein Verwerfen verhindern
sollen.

Vor dem Verleimen mit den Beinen sind
die durchgehenden Seitenwände im Bereich des Schreibteils vorbereitet worden.
Dabei wurden für die Kielbogenführung
des Schreibzylinders massive Birnbaum-
holzstücke in das Kiefernholz eingenutet.
Danach furnierte man die so entstandenen
Platten, arbeitete die Konturen heraus und
fälzte die Kielbogenkanten zur Aufnahme
der Schmuckadern. Der Rundung folgend
wurden die Führungsnuten des Rollzylinders ausgestemmt.

Die Verbindung der kompletten Seitenteile erfolgte durch Zargen, die Abdeck-

Die Konstruktion der Seitenteile in Stollenbauweise von innen her gesehen: deutlich
sichtbar die Gratleiste und die massive
Birnbaumaufdoppelung   **120**

platte und das konkave Verbindungsstück
sind verzapft. Die obere Zarge und das
obere Ablagebrett sind verzinkt. Erst danach wurden die Laufleisten eingesetzt.
Aus diesem Grund sind sie nur mit den
vorderen Zargen verzapft, in die hinteren
Stollen dagegen leicht eingelassen und
mit den Innenflächen der Seiten stumpf
verleimt. Auch die Streifleisten sind nur
stumpf aufgeleimt zwischen die Stollen
eingepaßt.

Zur weiteren Stabilisierung dient die in das Ablagebrett eingeschobene und in die Seitenteile eingefälzte Rückwand. Befestigt ist sie mit Holznägeln an der unteren Zarge und den Stollen. Die querverlaufende Rückwand besteht aus schruppgehobelten, verleimten Kiefernholzbrettern, eingenutet in senkrecht laufende, durchgestemmte Hirnleisten.

Die herausziebare Schreibplatte wird in einer aus den Seitenwänden herausgearbeiteten Nut geführt. Sie besteht aus einer Rahmenkonstruktin mit umlaufend eingenuteter Kiefernfüllung. Auf der Vorderkante ist eine Leiste aufgenagelt. In die Leiste sind links und rechts an der Unterseite Griffmulden eingearbeitet, die in den vorderen Rahmenfries übergehen. Des weiteren ist eine Aussparung für die Aufnahme des Schloßriegels eingstemmt. Die aufgesetzte Blendleiste, die den Abstand zwischen Platte und Schreibkasteneinsatz überbrückt, ist mit dem hinteren Rahmenfries durch Holznägel verbunden. Die Stirnseiten des hinteren Rahmenfrieses sind links und rechts zur Aufnahme der Stahlschienen des Schließmechanismus ausgespart.

Der Rollzylinder besteht aus fünf längsverleimten, gehobelten Kiefernholzsegmenten zwischen durchgestemmten Hirnleisten aus Birnbaumholz. Die Hirnleisten sind zur Aufnahme in die Führungsnuten gefälzt. Die beiden hinteren Aussparungen dienen der Verbindung des Rollzylinders über die Stahlschienen mit der Schreibplatte.

Die Eckverbindungen der großen Schubkästen sind offen gezinkt. Die Schubkastenböden sind dreiseitig eingenutet und mit dem Hinterstück vernagelt.

Eine weitere konstruktive Einheit bildet der Einsatz im Schreibkasten. Der obere Boden des Korpus ist mit den Seitenwänden verzinkt, der untere, der Zwischenboden und die Mittelseiten sind eingegratet.

Im oberen Bereich des mittleren Fachs ist im oberen und unteren Boden eine Nut eingearbeitet, in welcher der Rolladen läuft. Die Lamellen sind auf einem Leinengewebe aufgeleimt. Zwei kleine ausgestemmte Griffmulden ermöglichen das Auf- und Zuziehen. Die Schubladen nebem dem Mittelfach sind offen gezinkt, die hinteren überstehenden Böden stumpf aufgeleimt. Die Böden wurden aus einer größeren Platte ausgesägt und auf Dicke gehobelt, was aufgeschnittene Holznägel in der Fläche beweisen.

Zur Bedienung der Schubläden dienen massive Kugelknöpfe. Der Schubladeneinsatz ist von hinten in den Korpus des Schreibmöbels eingeschoben und dort im Bereich der Rückwand durch Abstandsklötzchen hindurch mit den Seitenwänden vernagelt.

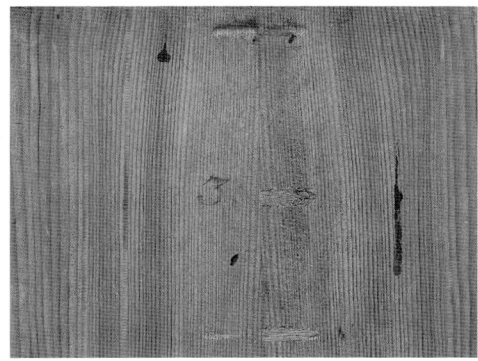

Unterseite eines kleinen Schubkastenbodens mit durch Hobeln freigelegten Holzdübeln   **121**

Vorn, in Höhe der unteren Schubladen, ist der Schubladeneinsatz mit den massiven Aufdoppelungen der Seiten verschraubt. Diese Aufdoppelungen dienen der Stabilisierung der aufgesetzten Massivholzführung des Rollzylinders. Darüber hinaus verbessern sie die Führung der

Verbindungskonstruktion des eingeschobenen Schreibteils mit Abstandsklötzen zwischen Außenseite und Einsatz. Der geschmiedete Nagel ist sichtbar   **122**

Schreibplatte und verdecken die Kanten der Platte wie die Stoßkanten zwischen Birnbaum- und Kiefernholz.

3.4.5 Schließvorrichtung

Verbindung von Platte und Rollzylinder
Schreibpatte und Rollzylinder sind durch einen einfachen Mechanismus miteinander verbunden. Er besteht aus den schon erwähnten Flachstahlschienen mit langen schmalen Schlitzen. Sie sind an einem Ende mit einer Bohrung versehen, in welche Zapfen eingreifen, die an der Oberkante des Rollzylinders befestigt sind. Die Verbindung zwischen Zylinder und Schreibplatte wird links und rechts durch jeweils zwei Schrauben besorgt, die Drehachsen bilden und an denen entlang der Schlitz des Flachstahls gleitet. Die eine Schraube verbindet den Flachstahl mit der Innenwand des Korpus, die andere überträgt die Bewegung der Schreibplatte. Sie ist in die dafür vorgesehene Aussparung im hinteren Rahmenfries eingeschraubt. Wenn die geschlossene Schreibplatte aufgezogen wird, bewegen sich die Stahlschienen um die Drehachsen und nehmen den Rollzylinder über den feststehenden Zapfen nach hinten mit.

Schloß
Mit dem Schloß kann die Schreibkommode zentral abgeschlossen werden. Demzufolge weist es zwei Riegel auf. Beim Schließen greift der obere Riegel durch die obere Zarge hindurch in die Schreibplatte ein. Gleichzeitig wird der untere Riegel sowohl durch die mittlere Zarge als auch durch das auf der Oberkante des Schubkastenvorderstückes aufgenagelte Schließblech geführt. Somit können weder die Schubladen geöffnet noch der Schreibklappenmechanismus betätigt werden.

Ausgebautes Schloß mit oberem und unterem Riegel **123**

Führung des Riegels durch die mittlere Zarge und das aufgenagelte Schließblech **124**

3.4.6 Schmuckelemente

Die quadratischen Beine verjüngen sich von der unteren Zarge zum Fußboden hin konisch. Die tropfenförmigen Füße setzen sich durch ein etwas vorspringendes quadratisches Zwischenstück betont ab. Die konischen Flächen sind bei den vorderen Beinen dreiseitig, bei den hinteren zweiseitig kanneliert. Die Abschnitte zwischen den Zargen werden durch Aufdoppelungen auf den Schauseiten betont. Der unteren Zarge folgend, bestehen diese aus schlichten Birnbaumholzplättchen.

Oben bilden die Aufdoppelungen eine Art Kapitel. Sie zeigen an den Schauseiten jeweils drei Kannelierungen mit vier darunterliegenden zinkenförmigen Prismen. Die vertikale Gliederung der Schäfte zwischen den Aufdoppelungen wird durch rechteckige Vertiefungen betont. Die vertieften Flächen sind nicht geglättet und zusätzlich vollständig mit einem Kerbmuster strukturiert.

Eigentümlicherweise sind zwei verschiedene Kerbwerkzeuge verwendet worden. Für die beiden Vertiefungen an der rechten Seite ein rundes mit acht Spitzen, für alle anderen Flächen ein vierspitziges. Durch diese Art der Behandlung wirken die tieferliegenden Flächen dunkler.

Ein besonders auffallendes Gestaltungsmerkmal ist durch die Aufdoppelung auf den Schubkastenvorderstücken gegeben. In Verbindung mit den verschiedenen Aufleistungen bilden sie eine gestalterische Einheit, die den Vergleich mit architektonischen Prinzipien, wie sie vor allem im Barock üblich waren zulassen. Demnach wird die Vorderfront des Möbelunterteils so aufgegliedert, daß man von einem Mittelrisalit sprechen könnte, der sich von oben nach unten verjüngt (vgl. Abb. 117).

Über den Aufdoppelungen schließen sich abgestuft die Aufleistungen auf der Zarge und auf der Vorderkante der Schreibplatte an. Die Aufdoppelung auf dem oberen Schubkastenvorderstück ist flächig ausgeführt, ein Schlüsselschild ein-

Die Flächen an den Möbelbeinen strukturieren Kerbmuster   **125**

Verschiedene Muster wurden an den Möbelbeinen eingekerbt

126

gearbeitet. Die der unteren Schublade dagegen zieren Kannelierungen und dieselben Zinkensprismen wie an den Stollenkapitellen. Als weiteres gestalterisches Element dienen aufgesetzte Halbkugeln auf dem Schubkastenvorderstück unter der Aufdoppelung.

Für die ästhetische Wirkung des Möbels sind auch die hell-dunkel abgesetzten Adern von großer Bedeutung. Sie rahmen die Schreibkastenöffnung ein und fassen die Flächen der Schubkastenfronten zusammen (vgl. Abb. 117). Zusätzlich wird die Wölbung des Rollzylinders durch die rechteckig zulaufende Ader aufgelockert (vgl. Abb. 119).

Zur symmetrischen Abrundung sind auch in die äußeren geschweiften Kanten des Schreibkastens Adern eingelassen worden. Der obere Abschluß des Möbels wird durch das dreiseitige, ausgesägte Geländer gebildet. Es besteht aus aneinandergereihten Rundbögen mit innenliegenden Wellen.

3.4.7 Beschläge

Die beiden Schubladen sind mit jeweils zwei runden Griffgarnituren ausgestattet. Diese bestehen aus runden, profilierten Abdeckplatten. Wie der beweglich angebrachte Griffring sind sie aus vergoldetem Messingguß. Es ist zu vermuten, daß im Zuge einer größeren Restaurierungsmaßnahme, auf die nachfolgend noch näher einzugehen ist, weitere ursprünglich vorhandene Beschläge entfernt worden sind. Spuren von Befestigungslöchern weisen darauf hin, daß die Vorderbeine vermutlich runde Metallrosetten trugen, die auf den Aufdoppelungen in Höhe der unteren Zarge aufgenagelt waren.

Die Befestigungslöcher von vermutlich einmal vorhandenen Rosetten sind noch zu sehen **127**

Die gleichen Beschläge dürften auch im Bereich der auslaufenden Kielbögen unter der Abdeckplatte angebracht gewesen sein. Des weiteren war wohl auch ein Schlüsselschild aufgesetzt, worauf zwei Nagellöcher neben dem im Biedermeierstil üblichen schwarzen, eingesetzten Schlüssellochbeschlag schließen lassen.

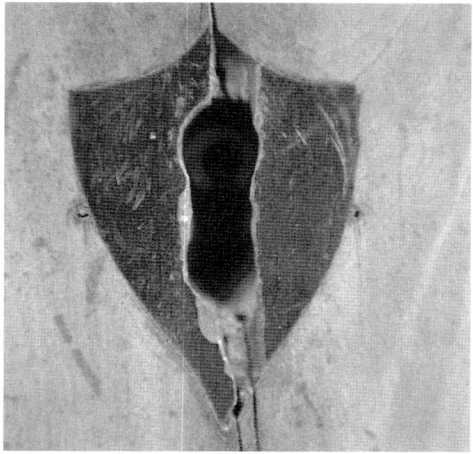

Ein neues Schlüsselschild wurde zwischen den Nagellöchern des ursprünglichen eingesetzt **128**

3.4.8 Zustand der Schreibkommode

Der statische Zustand des Möbels ist nocht gut, auch liegt kein Schädlingsbefall vor. Lediglich die massiven Birnbaumstücke der Rollzylinderführung sind etwas nach innen verzogen, wodurch sich aber keine Beeinträchtigung der Funktion ergibt. Auch hängen die Böden des Schreibkasteneinsatzes durch. Zu erwähnen ist, daß sich das gekehlte Verbindungsstück zwischen den Kielbögen in der Mitte angehoben hat, so daß zwischen ihm und dem Rollzylinder ein deutlicher Spalt entstanden ist.

Die vorliegenden Schäden lassen sich schwerpunktmäßig klassifizieren: in die Beeinträchtigung der Funktion, in Risse, gelöste Furniere und Aufleistungen, Absplitterungen und in die Veränderung der Oberfläche.

Beeinträchtigung der Funktion
Der Schreibplattenmechanismus läßt sich nicht problemlos betätigen, da die beiden Stahlschienen nicht einwandfrei parallel geführt werden. Die linke greift etwas früher als die rechte. Somit wird die linke Kante des Rollzylinders gegen die Führungsnut gedrückt, was zu einer starken Reibung führt und die auffallende Abnutzung des Furniers auf dem Rollzylinder in diesem Bereich bewirkt hat. Die Unterkanten der Schubkastenseiten sind ebenso wie die Laufleisten stark abgenutzt.

Schwundrisse, gelöste Furniere und Aufleistungen, Absplitterungen
Die Seitenteile sind geschwunden, so daß Schwundspalten an den Stollen entstanden sind. Auch ist dabei das Blindholz an mehreren Stellen gerissen. Schwundrisse finden sich auch im Rollzylinder, in der Rückwand und in den massiven Aufdoppelungen der großen Schubkästen.

Schwundrisse haben sich in den Aufdoppelungen der Schubkastenvorderseite gebildet **129**

Als Folge der Schwundrisse ist das Furnier an mehreren Stellen gelöst, Fugen haben sich geöffnet. Dies gilt vor allem für die Schreibplatte, deren Füllung verworfen ist. Die Aufleistungen sind an zahlreichen Stellen teilweise abgelöst. Ohne feste Verbindung ist das Geländer. An der rechten Seite fehlt ein Stück der Aufleistung über dem Kapitell des hinteren Beines.

Am linken hinteren Stollen unter den Kannelierungen fehlt eines der prismatischen Ornamente, eine aufgesetzte Halbkugel auf der unteren Schublade ist verloren gegangen. Durch das Schwinden der rechten Seitenwand ist ein Teil der Zierleiste, die zum Kapitellornament des Stollens gehört, abgerissen worden.

Oberfläche
Der vorhandene, matt transparente Lack ist weitgehend erhalten und durch Verschmutzungen kaum beeinträchtigt. Auffallend sind lediglich stellenweise auftretende schwarze Ablagerungen von gefiederter Struktur auf dem Rollzylinder, der unter dem Lack liegenden Holzstruktur folgend. Wie eine in Auftrag gegebene chemische Untersuchung ergeben hat, sind für diese Verfärbungen Ausblühungen von Pflanzengummi ursächlich, dessen klebrige Substanz Rußpartikel gebunden hat.

Zwischen Stollen und Füllung mit abgesplittertem Kapitellornament entstand eine Schwundspalte **130**

Neben den Rußverfärbungen sind noch rote und schwarze Tintenflecken zu erwähnen, die sich auf der oberen Ablagefläche, auf der Schreibplatte und im Inneren der kleinen Schubkästen befinden. Durch die chemische Analyse konnten Metall-Gerbsäureverbindungen nachgewiesen werden. Als Farbstoff der roten Tinte wurde Krapp- und Rotholzlack festgestellt. Weil keine synthetischen Stoffe gefunden wurden, kann angenommen werden, daß die Tintenflecken aus der Zeit vor 1860 stammten.

Ausgetretenes Pflanzengummi hinterließ schwarze Ablagerungen auf dem Rollzylinder **131**

3.4.9 Frühere Eingriffe

Das jetzige Erscheinungsbild des Möbels zeigt deutlich, daß es sehr umfangreich restauriert worden ist. Besonders auffallend sind die Veränderungen an der Schreibplatte. Hier wurden größere Furnierergänzungen links und rechts symmetrisch ohne Rücksicht auf die ursprüngliche Gehrungsfuge des Rahmenfurniers vorgenommen.

Ein eingesetztes Furnierstück mit versetzter
Gehrungsfuge auf der Schreibplatte **132**

Nach aller Erfahrung können die Schäden, die zu beseitigen waren, kaum durch den Gebrauch des Möbels entstanden sein. Vielmehr ist anzunehmen, daß sie von einem gewaltsamen Aufbrechen herrühren. Wahrscheinlich ist versucht worden, den Rollzylinder links und rechts aufzuhebeln. Für diese Vermutung spricht auch die Furnierergänzung an der Längskante des Rollzylinders, die nach dem Schließen auf der Schreibplatte aufliegt. Nach diesem Vorfall mußte offensichtlich auch die massive Birnbaumkantenleiste an der Schreibplatte ergänzt werden. Auffallend ist der schräge Schnitt durch diese Leiste im Bereich der linken Griffmulde. Das angesetzte Stück ist wegen des Schwindens des vorderen Rahmenstückes vom Zapfen des seitlichen Rahmenteils herausgedrückt worden. Deswegen steht die Kante nun am Stoß optisch störend über, und das aufliegende Furnier ist gerissen.

Schräg angesetzte vorspringene Birnbaum-
kante an der Schreibplatte **133**

Einen weiteren Hinweis auf eine gewalttätige Manipulation gibt die abgebrochene Feder rechts oben am Rollzylinder, wo die Laufschiene befestigt ist. Hier mußte das abgerissene Furnier ergänzt werden. Offensichtlich ist auch der Schließmechanismus beeinträchtigt worden. Im Zuge der Behebung des Schadens wurde nämlich die Führungsschraube des Flacheisens in der Schreibplatte nach hinten versetzt, nachdem das ursprüngliche Schraubenloch mit einem Dübel ausgeleimt worden war. Dies erklärt auch die eingeschränkte Funktionsfähigkeit des Schließmechanismus.

Neben der Beseitigung des Hauptschadens wurden weitere Ergänzungen vorgenommen: die Neuanfertigung des rechten Geländerteils ohne das ursprüngliche Profil auf der Oberkante und ein Stück der hell-dunklen Ader an der rechten Außenkante der Schreibkastenwange. Es wurden hellere Hölzer verwendet, so daß der Kontrast zwischen ihnen wesentlich schwächer ist. Auch ist der ergänzte Teil der Ader insgesamt dünner.

Der durchlaufende Schwundriß in der rechten Seitenfläche des Kommodenunterteils ist ausgespart worden. Zur Verbesserung der Funktion wurde die Schreibplatte links durch einen aufgesetzten schmalen Keil verbreitert. Auch sind die Laufleisten der großen Schubladen teilweise ausgeleimt worden. Um die untere Schublade, die sich infolge Abnutzung der Seitenunterkante gesenkt hatte, anzuheben, wurden im vorderen Bereich Keile aufgeleimt. Weitere Furnierergänzungen finden sich an den Ecken der Kommodenschubladen. Im Gegensatz zu den vorher beschriebenen Furnierergänzungen, die sorgfältig und materialgerecht ausgeführt worden sind, sind diese in Kirschbaumholz eingearbeitet worden. Auch wurde an der unteren Schublade die Ader durchbrochen.

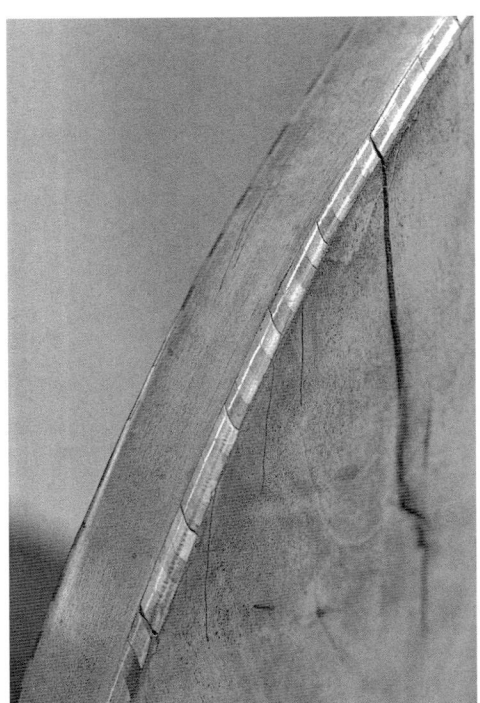

Ergänztes Aderstück an der rechten Seitenwange mit schwächeren Kontrasten **134**

Eingesetzte Furnierergänzungen mit durchbrochener Ader **135**

Deswegen kann angenommen werden, daß das Möbel zweimal restauriert worden ist. Im Zuge der beiden Restaurierungen wurden jeweils die Oberflächenüberzüge verändert. Stellenweise rote Verfärbungen in der Holzoberfläche lassen vermuten, daß das Birnbaumholz ursprünglich durch Beize oder eingefärbten Lack mahagonifarben gefaßt war, was durch die chemische Untersuchung bestätigt wurde. Der rote Farbton dürfte aber sehr stark ausgebleicht gewesen sein, so daß bei der Erneuerung der Fassung darauf keine Rücksicht mehr genommen worden ist. Ohnehin ist nach den umfangreichen Holzergänzungen die angrenzende Holzsubstanz angeschliffen worden, wobei die Reste der Rotfärbung in diesen Bereichen noch mehr verlorengegangen sind.

Untersuchung der Oberflächenüberzüge

Anhand dreier Proben wurden die Oberflächenüberzüge über den Resten der vermutlich originalen Harz/Ölfassung untersucht. Die erste Probe wurde von einer kleinen Schublade der Inneneinteilung im Schreibkasten entnommen. Es konnten zwei Schichten festgestellt werden, eine untere aus Zelluloseester, eine obere aus Schellack. Für die zweite Probe wurde die Fläche unter einer Griffrosette der oberen Schublade des Kommodenunterteils ausgewählt. Hier fand sich nur eine Lackschicht, nämlich Schellack. Die dritte Lackprobe stammt von der Unterkante der Massivholzaufdoppelung derselben Schublade. Hier wurde über der deutlich rot eingefärbten Holzoberfläche keine Schellack-, sondern eine Zelluloseesterschicht festgestellt.

Aufgrund der Befunde erscheint folgende Restauriergeschichte wahrscheinlich: Da Zelluloseester erst im 20. Jahrhundert gebräuchlich wurde und bei einer ersten Überarbeitung verwendet worden ist, müssen die beiden Restaurierungen zwischen 1900 und 1934 vorgenommen worden sein. Ziel der ersten Restaurierung dürfte die Aufarbeitung des unansehnlich

gewordenen Möbels gewesen sein, nebst Beseitigung kleinerer Schäden: die Neuanfertigung des Geländerteils, die Ergänzungen im Furnier der Schubkastenvorderstücke und die Aderergänzung an der rechten Schreibkastenwange.

Umarbeitung im Stil des Biedermeier

Möglicherweise ist bei dieser Gelegenheit das Möbel auch »biedermeierisiert« worden, indem das Schlüsselschild eingelegt und die vielleicht nicht mehr vollständig vorhandenen Metallrosetten beseitigt wurden. Es ist auch nicht ausgeschlossen, daß ursprünglich an der Vorderkante der Schreibplatte Knöpfe als Handgriffe zum Herausziehen vorhanden waren, die durch die jetzigen Griffmulden ersetzt wurden, was zwei ausgeleimte Bohrlöcher vermuten lassen. Für diese historisierende Umarbeitung spricht natürlich auch der damals schon dominierende helle Farbton, der für Biedermeiermöbel typisch ist. Zur Harmonisierung der sicherlich stark beeinträchtigten Oberfläche ist der Harz/Ölüberzug fast vollständig abgewaschen und durch einen Zelluloseesterlack ersetzt worden.

Beseitigung der Beschädigungen

Nicht lange danach muß dann das Möbel stark beschädigt worden sein. Nach den umfangreichen Ergänzungen sind die Schreibplatte vollständig und der Rollzylinder teilweise geschliffen worden. Der Zelluloseesterlack wurde anschließend weitgehend entfernt, aber als Oberflächenüberzug der Schubkästen im Innenteil belassen. Als neuer Oberflächenüberzug wurde eine Schellackpolitur aufgetragen.

Einen stichhaltigen Beweis für die angenommene Reihenfolge der Restaurierungsschritte bilden die jetzt vergraut erscheinenden Retuschen auf den ergänzten massiven Birnbaumholzleisten und dem Furnierstreifen an der Unterkante des Rollzylinders.

3.4.10 Restaurierungskonzept

Bei der Schreibkommode handelt es sich – wie bei allen historischen Möbeln – um ein in vieler Hinsicht aussagekräftiges geschichtliches Dokument. Einerseits spiegelt es den einstmaligen Stand der Technik und den Stil des Möbelbaus, andererseits aber auch die Veränderungen im Laufe der Geschichte. Diese Veränderungen sind Gebrauchsspuren, umweltbedingte Alterungsvorgänge und Beschädigungen, aber auch gezielte Eingriffe, die das Aussehen veränderten oder den Gebrauchsnutzen gewährleisten sollten.

In Anbetracht der Tatsache, daß die Schreibkommode museal »genutzt« werden soll, stellt sich die Frage, inwieweit oder ob überhaupt Restaurierungsmaßnahmen vorzunehmen sind, die historische Veränderungen verfälschen oder gar rückgängig machen. Auch unabhängig von der späteren Nutzung ist zu fragen, inwieweit es sinnvoll ist, ein Möbel in sein ursprüngliches Erscheinungsbild, als Anschauungsobjekt einer vergangenen Epoche, zurückzuversetzen. Bei Möbeln kann diese didaktische Funktion praktisch überhaupt nicht erreicht werden, da sie sich vom ersten Tag der Entstehung an durch Gebrauch und äußere Einflüsse verändern. Diese Veränderungen werden Teil des Objekts und können nicht von ihm abgelöst werden. Sie müssen folglich als historische Komponente erfahrbar bleiben und grundsätzlich akzeptiert werden.

Was die Schreibkommode anbetrifft, verbietet es sich daher, die ursprüngliche Rotfärbung zu rekonstruieren, davon abgesehen, daß der Restaurator selbst bei gewissenhafter Erforschung möglicher Rezepturen letztendlich nur ein subjektives Ergebnis erzielen kann. Auch auf eine Veränderung des Oberflächenüberzugs ist zu verzichten. Er ist so gut erhalten, daß keine harmonisierenden Maßnahmen notwendig sind. Eine Abnahme der Rußablagerungen wäre zwar durchaus ohne Eingriff in die Substanz möglich, doch würde da-

durch das charakteristische Oberflächenspiel unnötig geschönt werden.

Zu bedenken ist aber, daß das Möbel selbst bei musealer Nutzung weiterer Veränderungen unterworfen ist, die zur Substanzverlusten führen können. Beispielsweise könnten lose Teile bei Standortveränderungen oder Pflegemaßnahmen verlorengehen. Auch könnten bestehende Schäden durch Umwelteinflüsse oder Betätigung der Funktionen verstärkt werden.

Die Schwerpunkte bei einem Restaurierungskonzept müssen daher in der Sicherung der Substanz und in der Verbesserung der Funktion des Schreibklappenmechanismus liegen.

Vergraute Retusche auf dem Furnierstreifen auf der Unterkante des Rollzylinders **136**

3.5. Restaurierungsmaßnahmen zur Wiederherstellung des ästhetischen Erscheinungsbildes

Aufgabe dieses Buches soll es nicht sein, ausführlich über Restaurierungstechniken zu informieren. Beim Thema Restaurierungsmaßnahmen würde es doch zu weit führen, wenn wir hier versuchten, einen Überblick über die manigfaltigen Möglichkeiten restauratorischer Techniken zu geben. Deswegen wollen wir uns auf den wohl entscheidenden Bereich beschränken.

Ganz am Anfang haben wir festgestellt, daß der Eindruck, den wir von einem Möbel bekommen, durch das äußere Erscheinungsbild geprägt wird. Unser subjektives Empfinden wird bestimmt durch die Holzstruktur und deren harmonische Einbindung durch die Fassung, den Oberflächenüberzug.

Bei allem Maßnahmen, die mit der Oberfläche zu tun haben, handelt es sich um Eingriffe in den sensibelsten Bereich restauratorischer Tätigkeit. Nirgendwo anders kann man sich mehr an historischer Substanz versündigen als hier. Kein anderer Bereich ist aber auch durch äußere Einflüsse so gefährdet wie die Oberfläche von Möbeln. In den folgenden Beispielen wollen wir nun zeigen, inwieweit es aus restauratorischer Sicht möglich ist, beeinträchtigte Oberflächen so zu harmonisieren, daß sie unter der Voraussetzung, historische Substanz zu erhalten, sowohl ihre Originalität behalten als auch das ästhetische Empfinden befriedigen.

Am Beispiel des nebenstehenden bereits restaurierten Schreibmöbels läßt sich gut zeigen, an welche Grenzen der Restaurator stoßen muß, wenn er die Grundsätze verantwortungsbewußter Restaurierung beachten will. Das an sich schlichte spätbiedermeierliche Möbel erhält seinen unverwechselbaren Charakter durch das mit gestalterischer Absicht sorgfältig ausgesuchte und harmonische Furnierbild, das im Kontrast steht zu dem streng gegliederten Korpus ohne zusätzliche Verzierun-

gen. Leider erscheint die Harmonie der geschlossenen Oberfläche gestört durch den nicht zu übersehenden, querverlaufenden Riß im Furnier der Schreibplatte. Ursächlich hierfür ist ein Schwundriß, der durch das dünne Furnier nicht ausgeglichen werden konnte. Den entstandenen Spalt zu schließen, das heißt, die Blindholzkonstruktion wieder zusammenzuschieben, ist technisch nicht möglich.

Hätte man eine makellose Oberfläche haben wollen, wäre nichts anderes übriggeblieben, als die Schreibklappe neu zu

Schreibschrank, um 1830   137

furnieren. Ein solches, grundsätzlich ohnehin fragwürdiges Verfahren, wäre hier zum Scheitern verurteilt gewesen, weil es nicht gelungen wäre, selbst bei sorgfältigster Furnierauswahl, das charakteristische Furnierbild zu erreichen. Ganz davon abgesehen, hätte dann auch die gesamte Möbelfront dem neuen Furnier angepaßt werden müssen. Das hätte nichts anderes geheißen, als daß man den Lacküberzug auf Korpus und Schubkästen und den gealterten Farbton durch Schleifen hätte beseitigen müssen. Das Ergebnis wäre keine Restaurierung, sondern eine völlige Denaturierung eines wertvollen Originals gewesen.

Der gewissenhafte Restaurator darf hier nicht den Fehler machen, die Beseitigung des Schwundrisses in den Vordergrund seiner Restaurierungskonzeption zu stellen. Er muß sich darüber im klaren sein, daß alle noch so gut ausgedachten Maßnahmen zur Schönung des Furnierbildes mit Eingriffen in die Oberflächensubstanz im Rißbereich verbunden sind. Als richtige konzeptionelle Zielsetzung darf hier nur in Frage kommen, zunächst einmal den schön gealterten Farbton unter allen Umständen zu erhalten. Dem hat sich die Behandlung der Rißfuge eindeutig unterzuordnen. In der Konsequenz heißt das, daß eine Störung des ästhetischen Gesamteindrucks nicht völlig beseitigt werden kann und damit akzeptiert werden muß.

Glücklicherweise haben wir es nicht immer mit solchen Fällen zu tun, bei denen die Möglichkeiten des Restaurators so eingeschränkt sind wie hier. Aber auch dort, wo der Spielraum größer ist, muß er abwägen zwischen dem, was grundsätzlich machbar ist, und dem was gemacht werden darf. In den folgenden Beispielen werden wir diese Problematik verdeutlichen.

Sehr häufig hat es der Restaurator mit Möbeln zu tun, deren ursprünglich glänzende Oberflächen stumpf, fleckig, vergraut oder ausgebleicht, also insgesamt unharmonisch sind. Solche Erscheinungsbilder wären grundsätzlich leicht zu behe-

ben, indem die beschädigten Lacke mit adäquaten Lösungsmitteln abgewaschen werden, und ein neuer stilgerechter Lack aufgebracht wird. Nur, muß das in jedem Fall sein? Um hier die richtige konzeptionelle Entscheidung zu treffen, muß die Ursache des Erscheinungsbildes zuerst geklärt werden.

Oberflächendetail unter UV-Licht 138

Ein bewährtes Hilfsmittel zur Beurteilung von Lackzuständen ist die Untersuchung unter UV-Licht. Die hellen Flächen mit den deutlich erkennbaren Maserungslinien zeigen, daß hier eine intakte Lackschicht vorliegt. Die dunklen Stellen sind Schmutzschichten, die den Lack verdecken. Nach diesem Befund ist es möglich, daß der Lack darunter intakt ist und die Schmutzschichten vom Lack getrennt werden können. Das heißt, unter dieser Bedingung wäre es nicht notwendig, den Lack selbst zu beseitigen, sondern die Verschmutzung könnte abgenommen werden, ohne den darunterliegenden Lacküberzug zu beschädigen. Um festzustellen, ob das tatsächlich möglich ist, müssen Reinigungsproben vorgenommen werden.

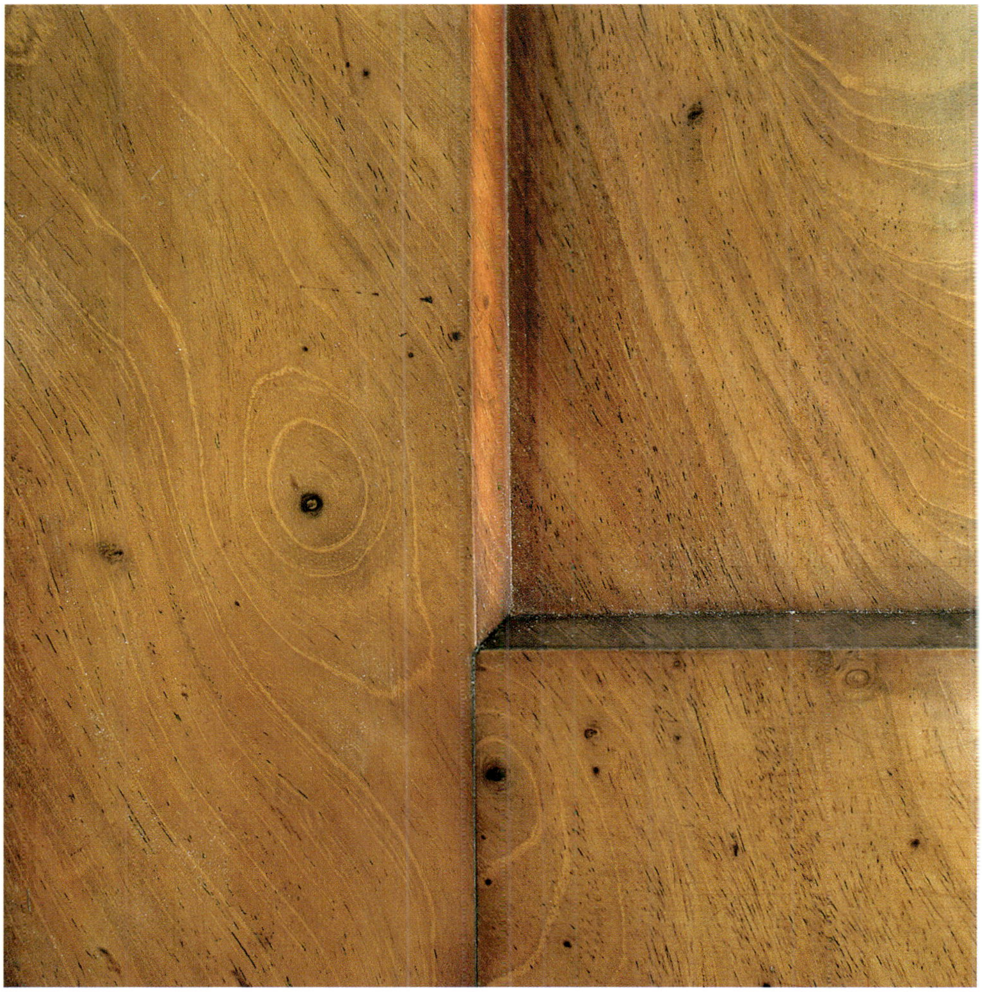

Die gereinigte Oberfläche
(vgl. Abb. 138)
Die Art der Verschmutzung nach dem UV-Lichtbefund hat sich bestätigt. Die Schmutzschichten konnten durch schonende Reinigung beseitigt werden. Der originale transparente Lack wurde nicht beschädigt **139**

Wie Abb. 139 zeigt, gibt es keineswegs ein Allzweckmittel, das bei allen Verschmutzungen wirksam ist. Es muß auch davor gewarnt werden, als Laie mit handelsüblichen Substanzen einer verschmutzten Oberfläche zu Leibe zu rücken. Es ist auch nicht damit getan, das richtige Reinigungsmittel zu finden, wie dies hier nach den Proben eins bis sechs geschehen ist. Es kommt vor allem darauf an, das gefundene Mittel mit dem nötigen Fingerspitzengefühl so einzusetzen, daß des Guten nicht zu viel getan und gar der Lack mit weggereinigt wird.

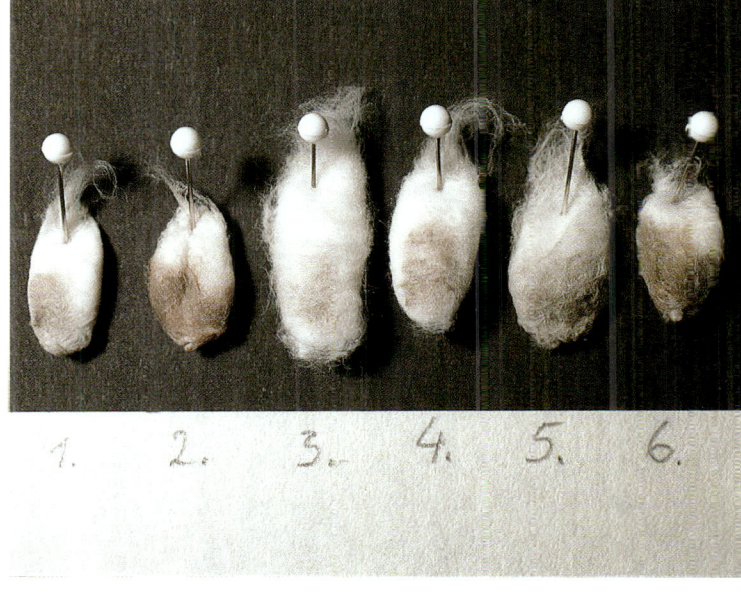

Versuchsreihe zur Auswahl von Reinigungsmitteln **140**

An diesem gereinigten Musterfeld wird deutlich, welch eindrucksvolle Ergebnisse durch bloße Reinigung erzielt werden können.

Meistens sind Beeinträchtigungen durch oberflächliche Verschmutzung und Lackschäden an transparent gefaßten Möbeln mit tiefergehenden Schäden verbunden. Dies gilt vor allen Dingen für furnierte Möbel. Es liegt in der Natur der Sache, daß mechanische oder durch die Umwelt bedingte Einflüsse die relativ dünnen Oberflächenschichten solcher Objekte in Mitleidenschaft ziehen. Furnierschäden

können von oberflächlichen Verunstaltungen über Ablösungen bis zu Verlusten reichen.

Für den Restaurator stellt sich demnach die verantwortungsvolle Aufgabe, je nach Furnierzustand die richtige Antwort auf die Frage zu finden, mit welchen Maßnahmen ein fehlerhaftes Furnierbild unter ästhetischen und werterhaltenden Gesichtspunkten wieder geschlossen werden kann. Anhand der folgenden Beispiele wollen wir ganz typische Herausforderungen zeigen, die der Restaurator unter diesen Gesichtspunkten zu bewältigen hat.

Beschädigte Platte eines Gallé-Tisches

Ganz typisch für Gallé-Möbel sind die in verschiedenen Holzarten kunst-
voll eingelegten floralen Bilder. Hier sehen wir zum Beispiel eine
Klatschmohnpflanze in ihren drei natürlichen Wachstumsphasen,
Knospe, Blüte, Fruchtstand. Das Furnierbild zeigt die drei genannten
typischen Schadensbilder. An der Oberfläche sehen wir mehrere
Wasserringe. Furnierteile sind angelöst. Als größter Schaden fallen
fehlende Furnierstücke auf. Für die Konzeption sind hier folgende Ziele
maßgeblich: erstens die Sicherung der vorhandenen Furniere, zweitens
die Beseitigung der Wasserringe und drittens die Ergänzung der Fehlstellen. Unproblematisch ist das Erreichen des ersten Zieles. Bei der
Beseitigung der Wasserringe ist Vorsicht geboten. Schleifen darf nicht
in Frage kommen. Durch Reinigungsproben muß ermittelt werden, wie
die dunklen Ringe entfernt werden können. Was die Furnierergänzungen betrifft, kommt es hier entscheidend darauf an, die richtigen Holzarten sorgfältig nach Holzstruktur und Farbe auszuwählen und anzuord-
nen. Ebenso wichtig ist es auch, daß die eingesetzter Stücke so klein
wie möglich gehalten werden, damit Originalfurnier nicht unnötig ausgeschnitten werden muß

142

Tischplatte mit geschlossenem Furnierbild
Im Vergleich zum vorigen Bild sieht man, daß es gelungen ist, die Wasserringe zu entfernen. Die Furnierergänzungen wurden so kleinflächig wie möglich in Paduk, Palisander, Ebenholz, Eiche und Ahorn eingeschnitten   **143**

Harmonisiertes Furnierbild
In Folge des ausgeprägten Wasserschadens war es nicht möglich, die Reste des ursprünglichen Lackes zu erhalten. Bevor aber der neue Lack aufgetragen werden konnte, mußten die Farbtöne der neuen Furniereinlagen den umliegenden gealterten Holzfarbtönen angepaßt werden   **144**

Korpus einer Rokoko-Kommode

Auch hier war die konzeptionelle Leitlinie die Erhaltung der vorhandenen Furnierauflagen an den Korpuskanten. Zu bemerken ist, daß ein durchaus typisches Schadensbild vorlag. Die Furnierverluste sind einerseits konstruktionsbedingt, andererseits durch Benutzung entstanden. Das Furnier an den Vorderkanten der Seiten ist, um den gewünschten Faserverlauf zu erreichen, in verhältnismäßig schmalen Streifen aufgeleimt. Im Laufe der Zeit löste sich die Verbindung zwischen Blindholz und Furnier. Hinzu kam die Reibung durch Verkanten der Schubkästen, und so ging Stück für Stück verloren. Das Furnierbild der großen Flächen war demgegenüber noch vollständig geschlossen und mit dem noch sehr gut erhaltenen Originallack überzogen. Von daher war es klar, daß die gute

Originalsubstanz erhalten werden mußte, das fehlende Furnier holzartgerecht mit dem richtigen Faserverlauf einzusetzen und der natürlich gealterten Farbtönung anzupassen war. Wie ernst hier die Forderung nach Substanzerhaltung genommen worden ist, wird an den teilweise filigranen Ergänzungen sichtbar. Viel einfacher wäre es gewesen, die Vorderkanten mitsamt der Sockelblende neu zu furnieren. Für den Kunden wäre dies auch völlig unsichtbar geblieben. Daß man sich hier so viel Mühe gegeben hat, geschah nicht nur, um an einem Prinzip puristisch festzuhalten, vielmehr hat der Restaurator dafür gesorgt, daß auch weiterhin Originaltät am Möbel nachweisbar bleibt. Deswegen gehört ein Bild wie dieses unbedingt in eine aussagekräftige Dokumentation **145**

Die Rokoko-Kommode (Abb.145)
nach der Restaurierung

Wir sehen, daß die Furnierergänzungen farblich dem Alterungston des hier beherrschenden Palisanderholzes angeglichen worden sind. Wie beabsichtigt, konnte der Originallack erhalten werden. Wiedererstanden ist so ein Möbel von unaufdringlicher Eleganz mit seiner alterungstypischen plastischen Patina

146

Unsere Beispiele zur Praxis verantwortungsbewußter Möbelrestaurierung zeigen, daß es nicht allein möglich ist, historische Möbel in ihrer Originalität für die Gegenwart zu erhalten, sondern sie ebenso in ihren Bestand praktisch auf unbegrenzte Zeit zu sichern, vorausgesetzt, daß sie nicht so behandelt werden, wie das abschließende Beispiel zeigt.

Ausschnitt vom Aufsatz eines Schreibschranks, um 1760
Dieser auf dem Kunstmarkt sehr teuer gehandelte Schrank ist unter
Mißachtung aller Grundsätze verantwortungsbewußter Restaurierung
gründlich mißhandelt worden. Der ursprünglich schön gealterte Farbton
des Nußbaumholzes wirkt geradezu unnatürlich fehlfarbig, wie verwa-
schen. Die einstmals klar definierten Kanten sind so verschliffen, daß
sie geradezu ineinanderfließen. Was hier angerichtet worden ist, läßt
sich auch durch weitere noch so gut gemeinte Restaurierungen nicht
mehr rückgängig machen **147**

4. Möbelfälschungen

4.1 Abgrenzung zwischen Restaurierung und Fälschung

In den vorangegangenen Kapiteln haben wir gezeigt, welchen Veränderungen alte Möbel unterworfen sein können. Wir haben im wesentlichen unterschieden zwischen natürlichen und willkürlichen Einflüssen. An vielen Beispielen haben wir gezeigt, wie durch Restaurierungsmaßnahmen versucht werden kann, Alterungsprozesse aufzuhalten und Gebrauchsspuren oder Beschädigungen zu vermindern beziehungsweise zu beheben. Ganz unabhängig vom qualitativem Ergebnis, darf davon ausgegangen werden, daß alle Restaurierungsversuche zunächst von ideellen Grundmotiven geleitet werden.

Bei all diesen Maßnahmen geht es also darum, alte Möbel zu erhalten und in einen Zustand zu versetzen, der es erlaubt, sie wieder zu benutzen, seien es Ausstattungsgegenstände im privaten Bereich oder Anschauungsstücke vergangenen menschlichen Schaffens. Andererseits aber ist das qualitative Ergebnis durchaus von entscheidender Bedeutung für den materiellen Wert eines restaurierten Objektes, wobei sich der Wertmaßstab danach richtet, inwieweit Originalität erhalten oder beeinträchtigt worden ist.

Ganz anders liegt der Fall, wenn ideelle Werte keine Rolle mehr spielen. Nämlich dann, wenn das menschliche Bedürfnis, alte Möbel zu besitzen, mißbraucht wird, um in betrügerischer Absicht Originalität vorzutäuschen. Wir verlassen hier das weite Feld der Restaurierung und wollen uns im folgenden mit dem Problemkreis der Fälschung beschäftigen.

Warum alte Möbel gefälscht werden, muß sicherlich nicht weiter erörtert werden. Über den Wert oder Unwert von Fälschungen gibt es auch keine Diskussion, wenngleich man durchaus über gute oder schlechte Restaurierungen streiten kann. Eine Fälschung bleibt eine Fälschung, egal ob sie schlecht oder gut gemacht ist. Andererseits gibt es für den Käufer historischer Möbel durchaus Parallelen, denn so wie er eine wertmindernde Überrestaurierung erkennen sollte, sollte er auch dem Fälscher auf die Spur kommen, um zu vermeiden, daß einem in der Regel hohen Preis ein nicht adäquater Wert gegenübersteht, oder einfacher ausgedrückt, daß er nicht betrogen wird.

Damit ist schon angedeutet, daß es nicht so ohne weiteres möglich ist, Fälschungen zu erkennen. Denn auch der Fälscher weiß, worauf es ankommt, und dementsprechend sind die Methoden, wie Fälschungen verschleiert werden, teilweise recht raffiniert. Aber auch für den Fälscher gilt, daß alle Raffinesse ihre Grenzen findet an wirtschaftlichen Überlegungen.

Der Fälscher wird immer versuchen, teure Arbeitszeit zu vermeiden. Er wird dort Maschinen einsetzen, wo die Werkzeugspuren anschließend verdeckt werden können, oder wo zu vermuten ist, daß nach solchen Spuren nicht gesucht wird. Ebenso wird er moderne Hilfsmittel wie Dübelhölzer, Leime oder Lacke und Lasuren einsetzen, wo sie nicht auffällig sind. Er wird zwar versuchen altes Holz einzusetzen, oft aber gezwungen sein, moderne Bearbeitungsspuren zu kaschieren. Ein weiteres Mittel der Vortäuschung von Originalität sind Beschläge, die von altersentsprechenden Objekten abgenommen oder als mehr oder weniger gute Nachbildungen angebracht werden. Wenn man um diese hauptsächlichen Methoden weiß, ist es gar nicht so schwer Fälschungen zu erkennen.

Ein manchmal schwierigeres Problem Fälschern auf die Spur zu kommen, liegt besonders dann vor, wenn Möbelstücke nur teilweise gefälscht oder aus originalen Bauteilen geschickt zusammengestellt werden. Im folgenden werden wir die hier angesprochenen Methoden an Beispielen verdeutlichen. Dementsprechend wird sich der Bogen von Teilfälschungen bis zur Komplettfälschung spannen.

Voranstellen wollen wir einen kleinen Ex-kurs über den Einsatz von Maschinen im Möbelbau und die typischen Spuren zeigen, die sie hinterlassen.

4.2 Spuren moderner Holzbearbeitungsmaschinen

Kreissägespuren

Die Kreissäge ist noch verhältnismäßig jung, sie wurde anfangs des 19. Jahrhunderts in Frankreich zum Patent angemeldet und setzte sich dann im Zuge der Entwicklung des Elektromotors bis zur Mitte des 19. Jahrhunderts allgemein durch. Typisch sind die kreisförmigen Rillen, die durch die rotierende Zahnung erzeugt werden. Man findet sie besonders an Schnittkanten von Konstruktionsteilen wie Traversen, Laufleisten, Rückwänden und Schubkastenböden. Typisch ist auch das Erscheinungsbild bei Einschnitten **148**

An der Grundfläche des Einschnittes entsteht durch die Zahnanordnung eine leichte Wölbung **149**

Bandsägeschnitt

Typisch für diese Art der Bearbeitung sind die sauber vertikal verlaufenden und sehr regelmäßigen Schnittspuren des umlaufenden Sägebandes. Auch die Bandsäge ist ein Kind des Maschinenzeitalters und erst Mitte des 19. Jahrhunderts allgemein gebräuchlich. Man findet ihre Spuren an den Innenseiten geschweifter Möbelteile `150`

Spuren der Hobelmaschine.

Auch hier fallen an der Holzoberfläche vertikale Linien auf, wobei sich die Holzoberfläche gegenüber der Bandsägenbearbeitung nicht rauh, sondern glatt anfühlt `151`

Am aufrechten Fries
dieser Vitrinenseite
sind die Maschinen-
hobelspuren deutlich
sichtbar   **152**

Nicht unerwähnt bleiben soll auch die moderne Frästechnik, wie sie bei der Herstellung von Profilen angewandt wird.

Hierbei unterscheidet sich das Schnittbild des rotierenden Fräskopfes ebenfalls von der Charakteristik der Handhobelbearbeitung. Allerdings ist der Vergleich zwischen Profilhobel und Fräse, was deren Besonderheiten betrifft, bildlich nur schwer darstellbar. Der Holzfachmann kann aber in aller Regel handgehobelte von gefrästen Profilen unterscheiden.

4.3 Neuschöpfungen unter Verwendung originaler Möbel oder Möbelteile

Fälschungen dieser Art werden auf der Basis vorliegender, mehr oder weniger umfangreicher Originalteile kreiert. Dabei ist zu bemerken, daß die Originalsubstanz für sich in aller Regel verhältnismäßig hochwertig ist. Das ist von der Sache her bestimmt einleuchtend, denn wenn sich der Fälschungsaufwand lohnen soll, muß das Endprodukt ein am Markt höherwertiges Möbel vortäuschen. Natürlich müssen die angestrebten Kombinationen auch originalen Vorbildern entsprechen. Fälschungsobjekte sind demnach solche Bauteile, Baugruppen oder komplette Möbel, die sich gut zu stilgetreuen mehrteiligen Objekten oder zu in sich geschlossenen Einzelstücken ergänzen lassen.

Im ersten Fall haben wir es beispielsweise mit einer Kommode zu tun, die durch einen gefälschten Aufsatz zu einer Aufsatzvitrine aufgewertet wurde.

Im zweiten, häufiger vorkommenden Fall meinen wir etwa Schränke, die um originale Türen herum gebaut sind, wobei die Türen nicht einmal unbedingt ursprüngliche Schranktüren gewesen sein müssen, sondern aus zeitgenössischen Wandvertäfelungen bestehen können.

Sehr häufig werden auch Schranktüren zu Glastüren umgearbeitet. Auf der gleichen Linie liegen Fälschungen, die das Ziel haben, Möbel gefälliger zu machen. Beliebte Objekte sind rustikale Tische, die zur Zeit sehr gefragt sind. Hier werden oft zu bestehenden Untergestellen neue Tischplatten, oder zur alten Tischplatte neue Untergestelle gefertigt.

Wir wollen nun einige typische Kreationen dieser Art zeigen:

Kommode mit Glasaufsatz

Substanz dieser Fälschung ist eine typische, schön gestaltete Barockkommode, um 1760. Aus dieser Zeit gibt es auch eine Reihe ähnlicher Vorbilder, die in Formgebung und Proportion der Fälschung als Vorbild dienen konnten. So ist das Furnierbild der Türrahmen durchaus stimmig mit der Marketerie der Kommodenfront. Auch entspricht die Gestaltung des Kranzprofils Stilmerkmalen der durch die Kommode vorgegebenen Entstehungszeit. Ein möglicher Hinweis auf Fälschung ergibt sich durch die etwas zu scharfkantige Gestaltung der verglasten Felder. Um den Verdacht aber zu erhärten, ist es notwendig, nach anderen Indizien zu suchen. Einen Hinweis könnte die Kommodenplatte geben. Sollte das Furnier der Grundfläche des Aufsatzes nicht entsprechend ausgespart sein, hätte man den Beweis, daß beide Teile ursprünglich nicht zusammengehört haben. Sollte ein Ausschnitt vorliegen, ist zu prüfen, ob das Furnierbild der Platte stimmig ist, oder ob Spuren zu finden sind, die darauf hinweisen, daß Furnier zur Ausschnittserweiterung abgelöst worden ist. Es könnte auch sein, daß die Kommodenplatte neu furniert worden ist. Wenn hier sorgfältig gearbeitet worden ist, kommt man bei der Suche nach Fälschungshinweisen kaum weiter. Man muß sich dann dem Vitrinenaufsatz selbst zuwenden. An ihm müßten sich auf jeden Fall Maschinenspuren finden lassen. Es ist kaum anzunehmen, daß der Fälscher sich die Mühe gemacht hat, Maschinenhobelspuren an den gefügten Boden- und Deckelbrettern sowie an der Rückwand zu beseitigen. Bestenfalls hat er, um Alterung vorzutäuschen, die gehobelten Flächen dunkelbraun lasiert oder gebeizt, was auch für den Laien leicht zu erkennen ist. Nehmen wir mal an, der Fälscher hat altes Holz verwendet und es nicht nötig gehabt, die von außen sichtbaren Flächen an Boden und Decke zu kaschieren. Wir würden dann höchstwahrscheinlich Maschinenspuren im Falz unter den Randleisten der Verglasung finden. Allerdings müßte man dann eine dieser Leisten abnehmen. Verdächtig ist auch die Größe der Scheiben, die an sich zeituntypisch ist. Zwar kann die ursprüngliche Verglasung verloren gegangen sein, dann aber müßten sich in den Rahmen und Glasleisten Spuren von Sprossen oder Stegen einer früheren Verglasung finden lassen. Weiterhin wäre die Dicke der Furniere zu vergleichen. Zeittypisch sind dicke Furniere zwischen zwei und vier Millimetern. Die heute handelsüblichen Furniere sind wesentlich dünner. Das Augenmerk ist auch auf die Beschläge zu richten. An unserem Beispiel ist zu prüfen, ob das Türschloß aus der vorgegebenen Entstehungszeit stammen kann. Ist das nicht der Fall, heißt das noch nicht, daß eine Fälschung vorliegt, aber wenn das Schloß ausgetauscht worden ist, müssen sich Befestigungsspuren des ursprünglichen finden lassen. Ein letzter sehr verdächtiger Umstand ist die Auskleidung des Vitrineninnenraums mit einer neuen Tapete

Dadurch kann man Fälschungsspuren sehr effektiv verbergen. Es ist ohne Beschädigung der
Tapete eben nicht möglich, die Holzoberfläche auf Fälschungsspuren zu untersuchen. Deswegen
sollte der Käufer eines Möbels mit verkleidetem Innenraum auf den Nachweis bestehen, daß
die nachträglich angebrachte Verkleidung eine originale Oberfläche bedeckt **153**

Süddeutsche Aufsatzvitrine

Bei dieser spätbarocken Aufsatzvitrine ist die Zusammenstellung dem vorangegangenen Beispiel gegenüber umgekehrt. Leitobjekt des Fälschers war hier der spätbarocke Vitrinenaufsatz, dem das Unterteil mit verhältnismäßig großem Aufwand zugefügt worden ist. Trotz des großen handwerklichen und gestalterischen Aufwandes ist die Fälschung schon äußerlich deutlich zu erkennen. Der Korpus des Unterbaus wirkt durch seine kubisch, streng rechtwinklige Gestaltung dem Aufsatz gegenüber wie ein Fremdkörper. Völlig zeit- und regionaluntypisch ist die funktionelle, dreitürige Einteilung der anrichtenähnlichen Front des Unterbaus. Wenn man auf die Proportionen achtet, wird auch deutlich, daß der Vitrinenaufsatz ursprünglich auf einer höchstwahrscheinlich dreischübigen Kommode gestanden haben muß. Von daher erübrigt es sich bereits, nach Bearbeitungsspuren moderner Maschineneinsatzes zu suchen. Auch die Verwendung dicker Sägefurniere kann hier nicht erfolgreich Originalität vortäuschen. Wie bei dem vorigen Beispiel sind denn auch beim genauen Hinsehen Bearbeitungsspuren durch Kreissäge und Hobelmaschine sichtbar **154**

Zweischübige Kommode

Dieses Möbel sieht doch auf den ersten Blick ganz gefällig aus. Nur bei genauer Analyse stellt sich schnell heraus, daß von Originalität nur in dem Sinne gesprochen werden kann, daß es sich um eine sehr originelle Schöpfung handelt. Tatsächlich original sind lediglich die zwei Schubkästen. Sie stammen mit Sicherheit von einer einstmals dreischübigen Kommode, die, was die anderen Teile betraf, wohl sehr desolat gewesen sein muß. So kam der Schöpfer dieses Werkes auf die Idee, um die noch sehr gut erhaltenen Schubladen herum ein neues Möbel zu bauen. Ein grundsätzlicher Verdacht auf Fälschung ergibt sich schon daraus, daß spätbarocke Kommoden mit diesen Schubladenabmessungen in aller Regel dreischübig gewesen sind. Auch ist der Unterbau mit den hohen chippendaleartigen Beinen absolut untypisch. Solche Beinformen sind an sich nicht unmöglich, wir finden sie aber an wesentlich zierlicheren Kommoden, Stühlen und Tischen. In der Frontalansicht sehen wir die künstlerisch durchaus sorgfältig gestaltete Marketerie der Schubkastenvorderstücke mit den gegliederten Feldern in kontrastreichem Nußbaumfurnier und mit sorgfältig eingelegten Adern. Die Beschläge runden das harmonische Gesamtbild ab. Wenn man damit nun Kommodenplatte und Seitenwände vergleicht, wird auch dem Laien ein auffallender Stilbruch klar **155**

Seitenansicht der zweischübigen Kommode (Abb. 155)

Im Vergleich mit der aufwendigen Marketerie der Vorderfront wirkt das Seitendekor geradezu jämmerlich. Ein Schreiner der vorgetäuschten Entstehungszeit hätte die Furnierstreifen niemals so schlampig und so völlig willkürlich zusammengesetzt, nicht einmal an einer einfacheren Kommode oder einem Schrank. Ganz deutlich wird das am abgesetzten Mittelfeld. Der Maserungsverlauf in dem Innenfeld hat sich offensichtlich danach gerichtet, welche Furnierstücke gerade noch gepaßt haben. Auch stimmen die Proportionen der Flächengliederung nicht. Das Innenfeld ist zu klein und die schwarze Ader viel zu breit. Auf den zweiten Blick sieht man also, daß es sich bei diesem Möbelstück um eine sehr plumpe Fälschung handelt **156**

Dreischübige Kommode

Diese spätbarocke Kommode wirkt in der Frontalansicht, was Proportion und Gestaltung betrifft, stilecht und harmonisch, ganz so, wie ein spätbarockes Möbel aussehen sollte. Auch ist die Marketerie als zeittypisch zu bezeichnen, was Gestaltung und handwerkliche Qualität betrifft. Bei diesem Möbel ist der Fälschungsnachweis schwieriger zu erbringen als bei dem vorangegangenen plumpen Beispiel, obwohl auch hier um Originalschubkästen herum eine neues Möbel gebaut wurde. Vergleichen wir mit diesem Verdacht die Gestaltung der Seitenflächen **157**

Seitenfläche der dreischübigen Kommode

Offenbar hat sich der Fälscher sehr viel Mühe gemacht, Übereinstimmung zwischen der Schubkastenmarketerie und dem Furnierbild der Seitenflächen zu erzielen. Eine Original-kommode hätte tatsächlich so aussehen können. Die Proportion des Innenfeldes stimmt, die Furnierhölzer sind gut ausge-wählt und gestalterisch richtig angeordnet. Obendrein sind die Furnierteile handwerk-lich sauber verarbeitet. Der Verdacht auf Fälschung entsteht aber durch die unge-wöhnliche Tiefe der Kommode. Der auf der Platte liegende Maßstab zeigt, daß sie etwa 40 Zentimeter beträgt, was für die sonstigen Proportionen von Kommoden dieser Bauart völlig unverhältnismäßig ist. Üblich sind bei Barockkommoden dieser Bauart Tiefen um 60 Zentimeter. Nun, was unwahrscheinlich ist, muß ja nicht unmöglich sein, vielleicht hat ein Schreiner um 1760 tatsächlich einem Kundenwunsch entsprochen und eine schma-lere Kommode angefertigt. Das dem aber nicht so war, zeigt ein Blick ins Innere der Kommode **158**

Schubkastenrückseite aus der dreischübigen Kommode (Abb. 157)

Die linke Bildhälfte zeigt die Schubkastenseite, nach rechts verläuft das gerissene Schubkastenhinterstück. Verdächtig sind schon die modernen Nagelköpfe. Die allerdings könnten von einer etwas schlampigen Reparatur stammen. Entscheidend ist die Stirnfläche des Seitenstückes, die aus gutem Grund dunkelbraun überschmiert worden ist. Auf diese Weise sollte wohl von Sägespuren abgelenkt werden, die beweisen, daß der Schubkasten verkürzt worden ist. Wenn man darüber hinaus noch weiß, daß im 18. Jahrhundert Schubkastenrahmen gewöhnlich verzinkt wurden, ist der Beweis erbracht, daß eine ursprünglich etwa 60 Zentimeter tiefe Schublade nachträglich durch Absägen verkürzt worden ist. Demzufolge müssen auch Seitenwände und Platte neu angefertigt worden sein. Denn das ursprüngliche Furnierbild hätte nicht den neuen Proportionen angepaßt werden können. Auf dem Bild sehen wir aber noch ein weiteres interessantes Detail. Wir meinen den aus der Stirnfläche der Schubkastenseite herausstehenden Nagel. An ihm wird deutlich, daß Fälscher, die sich in sichtbaren Möbelteilen sehr viel Mühe geben, nicht davor zurückschrecken, dort auf primitivste Weise vorzugehen, wo sie mit einer gewissen Ahnungslosigkeit möglicher Käufer rechnen können. Verblüffend an diesem Beispiel ist, daß der Fälscher den ganz kleinen Aufwand gescheut hat, statt des Nagels ein übliches Anschlaghölzchen an der Kommodenrückwand anzubringen. Zur Erklärung sei hier angemerkt, daß Schubkästen in ihrer Tiefe niemals genau dem Innenmaß des Möbels entsprachen. Die flächige Bündigkeit der Schubkastenvorderstücke wurde durch entsprechende Distanzstücke auf der Rückwand oder dem Schubkastenhinterstück erreicht. Es wird aber auch noch etwas anderes deutlich: Eigentlich ist es doch verwunderlich, daß ein Fälscher mit offensichtlich hervorragenden handwerklichen und künstlerischen Fähigkeiten sich die Blöße gibt, eine untypisch schmale Kommode herzustellen, obwohl er diese ohne weiteres, den vorhandenen Schubladen entsprechend, unverdächtiger hätte gestalten können. Es liegt daher die Vermutung nahe, daß er ganz einfach einem Kundenwunsch entsprochen hat. Durchaus könnte es so gewesen sein, daß ein potentieller Käufer eine Barockkommode an sich gerne haben wollte, die üblichen Maße aber nicht seinen räumlichen Gegebenheiten entsprochen haben. Marktwirtschaftlich gesehen hat der Fälscher also auf eine konkrete Nachfrage gezielt reagiert. Daß es sich hierbei um ein ganz wesentliches Motiv der Möbelfälschung handelt, wollen wir an den nächsten beiden Beispielen nachweisen

159

Umgebauter Vitrinenschrank

Dieses Foto ist zufällig bei einer Verkaufsausstellung geschossen worden. Wenn man weiß, was es mit dem Vitrinenschrank auf sich hat, ist der Aufdruck auf dem Karton neben ihm geradezu witzig. Denn diesem Möbel darf man keineswegs vertrauen. Es ist zwar nicht gefälscht, aber es ist nach marktwirtschaftlichen Gesichtspunkten umgebaut. Das Motiv ist klar: als Biedermeierschrank, das es ursprünglich war, hätte es vielleicht 3000 DM gebracht, als Biedermeiervitrinenschrank ist es sicher über 10 000 DM wert. Rein äußerlich ist die Fälschung nicht ohne weiteres zu erkennen, und obendrein ist die Umarbeitung der Türen nicht so schwierig, weil Biedermeierschränke typischerweise großflächig furniert sind. Wenn man allerdings die Türen von innen anschaut, sieht man was geschehen ist **160**

Verglaste Biedermeierschranktür

Die Türkonstruktion besteht aus einem genuteten Rahmen mit waagerechtem Mittelfries und zwei in die Nuten eingesetzten Füllungstafeln. Das obere Füllungsfeld wurde den Rahmenkanten folgend ausgesägt. Um das Glas einsetzen zu können, mußte aber die innere Nutwange enfernt werden. Daß dies geschehen ist, sehen wir daran, daß der Ausschnitt des verglasten Feldes größer ist als der des darunterliegenden Füllungsfeldes, das noch in der originalen Nut sitzt `161`

Zweitüriger Schrank im Barockstil

Auch diese Möbelfälschung beruht wahrscheinlich auf einem spezifischen Kundenwunsch, der sich leicht erklären läßt. Üblicherweise sind Schränke im Stil dieser Zeit wesentlich wuchtiger, das heißt etwa 60 Zentimeter tief. Meistens stehen sie auch noch auf recht massiven Kugelfüßen. Auch das Kranzgesims ist in der Regel deutlich ausladender und dementsprechend nicht so gleichmäßig abgestuft. Ähnlich wie bei unserem vorigen Beispiel konnte der Fälscher davon ausgehen, daß ein Schrank in gefälligeren Maßen sich besser verkaufen läßt, da er in heutige Wohnungen einfach besser hinein paßt. Es liegt also nicht daran, daß der Fälscher den Aufwand gescheut hätte, sein Werk voluminöser zu gestalten. Allein vom äußeren Erscheinungsbild läßt sich die Fälschung ohne weiteres erkennen. Original an unserem Beispiel sind die beiden Türen. Um sie herum wurde der Korpus völlig neu angefertigt, wobei man sagen muß, daß sich der Fälscher große Mühe gegeben hat, eine stilistische Einheit in bezug auf Formgebung und Materialauswahl zu schaffen. Bei genauerer Analyse allerdings ist die Holzauswahl doch nicht so perfekt, wie es den Anschein hat, denn die Rahmen der neu gestalteten Marketerie im Sockelbereich und an den Seiten bestehen aus Eichenfurnier und nicht aus Nußbaum, wie an den Rahmenflächen der Türen. Von daher konnte trotz geschickter Farbangleichung ein unterschiedliches Farbspiel nicht ganz vermieden werde. Völlig aus dem Rahmen fallen die auf den abgeschrägten Korpusflächen aufgesetzten, vertikalen Profilleisten. Erwähnt wurde schon das stilistisch untypische Kranzprofil. Es ist so gleichmäßig und scharfkantig, daß es erstens nicht alt sein kann und zweitens maschinell hergestellt worden sein muß. Dasselbe gilt erst recht für das Sockelprofil   **162**

4.4 Zum Stellenwert von Rekonstruktionen

Rekonstruktion heißt bekanntlich Nachbildung. Verlorene Originalsubstanz wird material- und stilecht neu angefertigt. So gesehen wären jedoch alle nachbildenden Maßnahmen Rekonstruktionen, ob es sich um kleine oder große Ergänzungen handelt, ob nur fehlende Furniere ergänzt werden oder eine ganze Rückwand. Um hier für eine klare Abgrenzung zu sorgen, wird der Begriff Rekonstruktion in der restauratorischen Praxis von dem Begriff Ergänzung abgesetzt.

Von Rekonstruktion spricht der Restaurator dann, wenn Bauteile nachgebildet werden müssen, von denen keine Fragmente oder identischen Vergleichsstücke mehr vorliegen. So gesehen ist ein fehlender Möbelfuß einfach zu ergänzen, wenn die anderen drei noch vorhanden sind. Anders liegt der Fall, wenn beispielsweise eine ursprünglich hohe Standuhr verkürzt worden ist, um sie in einem niedrigen Raum aufstellen zu können. Um ihr ursprüngliches Erscheinungsbild wiederherzustellen, muß der verlorengegangene Teil des Uhrenkastens rekonstruiert werden.

Grundsätzlich ist die Rekonstruktion nichts Verwerfliches. Sie ist dann angebracht, wenn ein an sich schönes Möbel, das in der bestehenden Form verunstaltet oder gebrauchsunfähig ist, wieder zur Geltung gebracht werden soll.

Die Grenze des Zulässigen ist aber dann überschritten, wenn rekonstruierte Teile als Originalsubstanz ausgegeben werden. Das bedeutet nicht, daß solche Rekonstruktionen äußerlich erkennbar sein müssen. Schließlich soll ein rekonstruiertes Möbel auch ästhetischen Ansprüchen genügen können. Dennoch muß die Rekonstruktion auch für den Laien an den äußerlich nicht sichtbaren Holzoberflächen erkennbar sein. Die folgenden Bilder zeigen Rekonstruktionen, die diesen Forderungen genügen.

Biedermeierkommode mit rekonstruierten Schubkästen und ergänzter Traverse
Das Ziel der Rekonstruktion war hier, ein verunstaltetes Möbel wieder zur Geltung zu bringen. Vermutlich in den fünfziger Jahren war die Kommode völlig stilwidrig umgearbeitet worden. Die Schubkästen mit der Traverse wurden entfernt und durch zwei Türen ersetzt **164**

Rekonstruierte Rückwand einer Barockkommode
Bei diesem Möbel wurde darauf verzichtet, das frische Holz künstlich mit einem Alterungsfarbton zu versehen **163**

Innenansicht der rekonstruierten Kommode
(Abb. 164)
Bei der Rekonstruktion wurde darauf verzichtet, die vorausgegangene Geschichte zu kaschieren. Man sieht, daß die Zapfenbänder herausgenommen worden sind und die Aussparung lediglich ausgeleimt wurde. Das neu eingesetzte Konstruktionsholz wurde unbehandelt belassen. Dagegen wurden das Furnierbild der Traverse und der neu angefertigten Schubkästen dem gealterten Farbton des Originalfurniers angepaßt   **165**

Gezinkte Verbindungen an den rekonstruierten Schubkästen

Natürlich hätte man die Schubkastenkonstruktion sehr viel einfacher machen können. Aber wenn Rekonstruktion, dann auch richtig **166**

Rekonstruierter Schubkasten eines Nachtkästchens

Die Rekonstruktion st äußerlich nicht ohne weiteres erkennbar. Das Schubkastenvorderstück wurde dem vorliegenden Furnierbild entsprechend materialgerecht und farblich angepaßt. Auch hier wurde der Ehrlichkeit halber darauf verzichtet, die innenliegenden Teile des Schubkastens, trotz zeittypischer Konstruktion, farblich zu kaschieren **167**

Rekonstruktionen   125

4.5 Komplettfälschungen

4.5.1 Die »Angebotsstrategie«

Bisher sind wir so verfahren, unter Möbelfälschungen alle Maßnahmen zu verstehen, mit denen historische Möbel werterhöhend manipuliert werden können. In Einzelfällen gab es aber immer auch kunsthandwerklich interessante Möbel, die den Anreiz boten, sie in ähnlicher Form nachzubauen und als Original zu verkaufen. Solche Nachbauten einer vergangenen Zeit sind gemeint, wenn wir von Komplettfälschungen sprechen, natürlich unter der Voraussetzung, daß der Kunde im Glauben gelassen wird, ein Original erworben zu haben.

Um die Jahrhundertwende gab es in Frankreich geradezu eine Fälschungsindustrie, deren Ausmaße und Funktionsweise vom damaligen König der Möbelfälscher, André Mailfert, in dem Buch »Denn Sie wollen betrogen sein« (Flammarion, Paris 1935/Ullstein, Berlin 1967), beschrieben worden sind. Auf dieses Werk werden wir auszugsweise immer wieder zu sprechen kommen, denn heutzutage tauchen im Kunsthandel und bei Auktionen wieder vermehrt Möbelfälschungen auf, die an diese Tradition anknüpfen.

Allerdings besteht kein Anlaß, die Situation zu dramatisieren. Eindeutige Komplettfälschungen sind im Verhältnis zur Anzahl mehr oder weniger verfälschter Möbel, die auf dem Antiquitätenmarkt angeboten werden, (noch?) verhältnismäßig selten. Aber der Schaden für den Käufer, der in gutem Glauben viel Geld für ein angeblich wertvolles Original ausgegeben hat, ist im Falle einer Komplettfälschung eben auch komplett. Das heißt, er ist nicht relativierbar wie bei einem »nur« verfälschten Möbel, dessen Originalsubstanz immerhin noch mehr oder weniger hoch eingeschätzt werden kann.

Wir haben an vielen Beispielen gezeigt, daß es recht sichere Indikatoren gibt, mit denen man Manipulationen an alten Möbeln beweisen kann. Bei völlig gefälschten Objekten genügt es aber meistens nicht, nur einzelne Manipulationen zu erkennen. Wie wir noch zeigen werden, können auffällige Manipulationsspuren sogar gezielt eingesetzt werden, um Originalität vorzutäuschen und von weiteren Nachforschungen abzulenken.

Das Erkennen von Komplettfälschungen kann man mit einem Puzzlespiel vergleichen, bei dem die Einzelteile den Verdachtsmomenten entsprechen. Es gilt aus ihnen ein stimmiges Bild herzustellen. Die Fälscher wissen das auch, und demnach sind ihre Strategien davon bestimmt zu verhindern, daß der mögliche Käufer das Puzzlebild zusammenbringen kann. Vorweg möchten wir aber noch eines klarstellen: Mit den folgenden Ausführungen und bildlichen Darstellungen ist nicht der Anspruch verbunden, daß Sie als Leser danach in der Lage sein werden, Komplettfälschungen in jedem Fall eindeutig zu identifizieren. Es soll vielmehr das Ziel sein, Sie so zu sensibilisieren, daß im richtigen Moment die notwendigen Zweifel überhaupt geweckt werden; oder anders ausgedrückt, daß Sie nicht alles ohne weiteres glauben, was Ihnen bei einem Verkaufsgespräch erzählt wird. Damit sind wir bei der ersten entscheidenden Strategie, mit der Komplettfälschungen verschleiert werden. Wir wollen sie die Angebotsstrategie nennen. Mit ihr wird das fragliche Objekt dem Kunden so schmackhaft gemacht, daß mögliche Zweifel an seiner Originalität erst gar nicht aufkommen sollen.

An einem typischen Beispiel wollen wir mal zeigen, wie Mailfert das gemacht hat. Es ging darum, eine Kommode im Régence-Stil so zu präsentieren, daß der Käufer den Eindruck haben mußte, sie sei in der Wohnung einer alten Dame, in der das Verkaufsgespräch stattfand, schon immer gestanden.

Ich räumte eine getäfelte Wand vollständig ab und ließ sie mit Seifenlauge abwaschen.

Die Kommode wurde mitten davor aufgestellt. Über die Kommode wurde ein alter Spiegel gehängt. Links und rechts von ihr stellten wir je einen Louis-Philippe-Fauteuil auf, über dem ein ovales Familienporträt angebracht wurde. Einige Miniaturen vervollständigten das Arrangement.

Dann sprühten wir mit Hilfe eines tragbaren Kompressors und einer Spritzpistole eine dünne Schmutzbrühe über die ganze Wand, bis die dunkle Tönung des übrigen Zimmers erreicht war. Verrückte man nun die Gegenstände von ihrem Platz, vor allem die in der Mitte, so waren ihre helleren Umrisse an der Wand zu sehen.

Der Trick besteht darin, daß man, wenn man die Kommode ins Licht trägt, gleichzeitig einen Spiegel oder ein Bild abnimmt, um zu zeigen, daß sich das Ensemble schon jahrelang an Ort und Stelle befindet.

In die Kommode legte ich alle möglichen Dinge, die ich in einem Schrank der Witwe fand, lauter Kram, wie man ihn in Schubladen aufbewahrt: Alben, alte Spitzen, Schärpen und Bänder, Andenken an die Erste Kommunion …

Eine halb verwischte Kreideaufschrift unter der Marmorplatte zeugte von einer Übersiedlung: ›Kommode aus dem großen Salon‹. Eine doppelt gefaltete, mehrere Jahre alte und auf einer Seite vergilbte Visitenkarte schob ich an einer Ecke als Keil unter die Marmorplatte. Die der Luftheizung zugekehrte Seite wurde mit einem elektrischen Heizofen, den wir an eine Lampenfassung anschlossen, so lange angestrahlt, bis das Furnier einige Sprünge aufwies.

In einer Schublade vergaß ich ein Amateurfoto, Größe 9 x 12, mit Zitrat abgezogen, vergilbt und mit Eselsohren versehen, das acht Tage zuvor bei mir aufgenommen worden war und die Kommode im Jahre 1890 in der alten Wohnung des Beamten zeigte. Mit diesem Foto köderten wir den Käufer, und Sie werden gleich sehen was für ein Käufer! Nun noch Benzoedämpfe in die Schubladen und auf jede der drei ein

nagelneues Schloß. Dazu einen Schlüsselbund mit lauter neuen Schlüsseln. (Die alten sind verlorengegangen). Bohnerwachs unter die Bronzefüße, zahllose Schlagstellen und Schrammen in der Höhe des Besens und der Schuhe. Eine Feder aus einem Flederwisch zwischen eine Bronze-Applique und ein Stück losgelösten Veilchenholzfurniers geklemmt, einen Griff gelockert, eine moderne Stahlschraube zwischen die alten Rundkopfschrauben gesetzt, mit denen die Bronzeornamente befestigt sind, eine Ecke der Marmorplatte angeschlagen und mit Schellack ausgebessert …

Zuletzt noch Staubflocken unter die schwere Kommode und eine dicke Staubschicht auf die Bodenleiste der Vertäfelung dahinter.

Die richtige Atmosphäre war geschaffen, und sie wirkte sympathisch. Das Opfer ging ins Netz.

Eine andere Inszenierung war ebenso raffiniert wie erfolgreich. Hierzu erfand Mailfert zwei verschuldete Brüder und Erben eines Schloßbesitzes, die von ihrem Gläubiger angeblich dazu getrieben wurden, wertvolles Mobiliar zu veräußern, unter anderem einen wertvollen Trumeau mit einem Mädchenbildnis. Lassen wir wieder Mailfert zu Wort kommen:

Als der Trumeau fertig und mit allen Sakramenten versehen war, ließ ich ihm eine Kiste machen, auf die ich einige im voraus beschaffte Frachtzettel von einem südfranzösischen Bahnhof klebte. Der Deckel wurde nachlässig zur Seite geschoben, und in der dunklen Kiste war auf einem Bett aus Stroh der Trumeau zu sehen, der in diesem rustikalen Rahmen unvergleichlichen Glanz ausstrahlte […]

Der ehrwürdige Richter fieberte vor Ungeduld. Kein Wunder: Seit Wochen hatten wir ihm, bald der Zöllner, bald ich, die Qualitäten des Meisterwerks gerühmt, von dem sich die Brüder Dorbois trennen wollten, nachdem ihnen ihr Gläubiger, das heißt der Zöllner, einen neuen Vorschuß gewährt hatte [...].

›Hier hätten wir das Stück‹, sagte ich und wischte lässig ein paar Windhaferhalme von dem zarten Mädchenbildnis (Greuzesche Schule, mein Bester!), das uns aus seinem dunklen Goldrahmen entgegenlächelte. ›So etwas Schönes habe ich selten gesehen. Aus welcher Zeit es stammt, vermag ich nicht zu sagen, denn ich kann mich nur als Künstler äußern ... Sie dagegen mit Ihrer reichen Erfahrung werden uns gewiß aufklären können.‹ – ›Lyoner Schule, Anfang 18. Jahrhundert ... Vergoldung zweifellos aus der Zeit, Spiegel ebenfalls alt ... In jeder Hinsicht einwandfrei ...‹

So sprach Maître C., Untersuchungsrichter, Kadosch-Ritter der Loge Etienne Dolet, Präsident der Gesellschaft der Bibliophilen des Departements Loiret, Gründer des Klubs der Kunstfreunde, ständiger Sekretär der Gesellschaft für Archäologie, Naturwissenschaften, Literatur und bildende Kunst.

Nach und nach wurden dem Kunden Maître C. noch viele Stücke aus dem angeblichen Schloßmobiliar verkauft. Hierzu noch ein weiteres Zitat:

Das Verpackungsmaterial war mittels eines Zerstäubers mit Lavendelwasser parfümiert worden, das den neuen, noch nach Werkstatt riechenden Stücken den zarten Duft alter Dinge mitteilte.

Ich war bei der Abnahme des Waggons nicht zugegen und deshalb auch nicht Zeuge der freudigen Erregung des Richters, der auf dem Bahnhof von Les Aubrais einen der schönsten Träume seines Lebens in Erfüllung gehen sah.

Sicher wirken die Beispiele auf den heutigen Leser eher belustigend, und er kann sich wohl kaum vorstellen, daß er auf ähnliche Weise hereingelegt werden könnte. Doch das kann sich auch in heutiger Zeit in anderer Form und doch ganz ähnlich

abspielen. Da gibt es beispielsweise ein schönes altes Stück aus Familienbesitz, von dem sich ein Mensch schweren Herzens trennen muß. Da gibt es den Erben historischen Mobiliars, mit dem er nun gar nichts anfangen kann. Und da gibt es auch den Käufer, der die Chance sieht, das Schnäppchen seines Lebens zu machen. Daß die Bereitschaft groß ist, für Stücke mit sicherem Herkunftsnachweis auch mehr zu zahlen als auf dem Kunstmarkt üblicherweise verlangt wird, zeigen Beispiele aus jüngster Vergangenheit, wo bei Inventarversteigerungen an prominenten Adressen die Erwartungen der Auktionatoren weit übertroffen worden sind.

Ein weiterer Trick, Originalität vorzutäuschen, ist es, alterstypische, oft sogar brutale Alterungsspuren, durch Gebrauch oder durch Reparaturen entstanden, zu imitieren. Auch hierzu hat Mailfert Eindrucksvolles zu berichten. Greifen wir die Herstellung von Trumeaus heraus. Weil Mailfert sich so einzigartig ausdrückt, halten wir es für sinnvoll, ihn weitgehend selbst zu Wort kommen zu lassen:

Hat man die Tafel oder den Rücken des Trumeaus zusammengesetzt, befestigt man mit rostigen Nagelstiften [...] und mit Leim [...] die meist in Lindenholz ausgeführten Schnitzereien. Diese Holzteile werden nun weiß grundiert und sorgfältig abgebimst und nachgearbeitet. Dann erhalten sie einen alten Untergrund für die Vergoldung [...]. Nachdem die Malerei oder der Firnis gut getrocknet ist [...] erzeugt man das Craquelé, im Sommer an der Sonne, im Winter im Trockenofen oder mit Hilfe eines Heizstrahlers [...]. Das Craquelé, ein unwiderlegbarer Beweis für Echtheit, verleiht dem Werk eine gewisse Zartheit und spielt etwa die Rolle eines Schleiers vor dem Antlitz einer schönen Frau. Nun wird das Gold patiniert [...]. Als erstes kommt die Abnutzung [...]. Bei einem Trumeau muß das Gold vor allem um das Spiegelglas abgenutzt werden, von dem man annimmt, daß es von

Zeit zu Zeit feucht abgewischt wurde, was bei der Malerei selten der Fall ist, und am stärksten ist die Abnutzung auf dem Sockel, denn in einem ordentlichen Haushalt gleitet das Staubtuch ständig über alle Simse. Aus demselben Grund sind alle für die Hand erreichbaren Profile abgewetzt, die höheren Partien dagegen kaum und der obere Rand überhaupt nicht […]. Und nun kommt der Augenblick, da man das Werk durch Fliegenpunkte vollendet.

Im weiteren breitet Mailfert geradezu eine Philosophie des Fliegendrecks aus. Nicht nur, daß die Fliegenpunkte keineswegs willkürlich gesetzt werden, er unterscheidet sogar fünf Arten von Fliegendreck, die jeweils ein eigentümliches Erscheinungsbild haben und auch auf den Untergrund verschieden wirken.

Nachdem Mailfert sich nun so große Mühe gegeben hat, ein schönes Original zu schaffen, greift er aber erst recht zu brachialen Methoden, um ja keinen Verdacht aufkommen zu lassen, es könnte sich um eine Nachbildung handeln. Und das geht folgendermaßen:

Zu feines oder zu weit vorspringendes Schnitzwerk wie Flügel von Vögeln, Blütenblätter aus Blumenkränzen, dünne Pfeilerchen oder in hocherhabener Arbeit ausgeführten Zierat bricht man tunlichst ab und leimt dann diese Stücke mehr oder weniger ungeschickt wieder an. Ein Schlag mit dem Hammer auf die unteren Profile spaltet oder lockert diese. Nägelspuren zeigen an, wo einst Miniaturen saßen.

Um das ehemalige Vorhandensein solcher Miniaturen vorzutäuschen, bringt man runde Kartonscheibchen auf den Streifen neben dem Spiegelglas an und übersprüht das Ganze mit einer schwachen Farbbrühe. Die wieder abgenommenen Kartons hinterlassen dann hellere Flecke.

Ein Spiegel proletarischer Herkunft wird außerdem Spuren aufweisen, welche verraten, daß sein Besitzer achtlos seine

Zündhölzer daran anriß, um Feuer im Kamin zu machen […].

Man vergesse auch nicht, die unteren Partien mit Stahlwolle zu bearbeiten, um ihnen das nötige Alter zu verleihen.

Sodann treten all die verschiedenen Werkzeuge in Aktion, die man nach und nach geschaffen hat, um unseren Patinierern ihr schweres Handwerk zu erleichtern, zum Beispiel eiserne Kämme, Hämmer aus Holz oder Metall mit runden Köpfen sowie verschiedene Arten von Peitschen.

Letztere bestehen aus einer Reihe von auf eine Schnur oder einen Draht gezogenen Gegenständen wie Schrauben und Muttern, Ringen, alten Schlüsseln, Hosenknöpfen, Haken und anderen, in Form und Härte recht verschiedenen Dingen, die imstande sind, die unterschiedlichsten Schäden hervorzurufen. Man bindet die ganze Kollektion an einen Griff und geißelt damit den unglückseligen Trumeau, der mit jedem Hieb kostbarer wird.

Danach repariert man die ärgsten Schäden, putzt die Schmutzflecke weg und retuschiert die Malerei. Man sollte nicht so weit gehen, das Spiegelglas zu zerschlagen oder den Trumeau kurzerhand in Brand zu stecken. Derart extreme Maßnahmen sind nicht nur barbarisch – sie kommen zu teuer.

Auch Bergeren und Fauteuils aus Mailferts Fälscherwerkstatt waren gängige Objekte. Was er mit ihnen nach sorgfältiger Herstellung in der Art der Trumeauproduktion anstellen ließ, klingt geradezu unwahrscheinlich, doch lassen wir wieder den Meister zu Wort kommen:

Meine Patinierungswerkstätten befanden sich im dritten Stock. Die Packerei dagegen war im Erdgeschoß, gleich beim Hof, untergebracht. Jedesmal, wenn eine Bergère auf die beschriebene Weise den letzten Schliff erhalten hatte, ›lieferten‹ meine Patinierer sie den Packern, indem sie sie einfach aus dem dritten Stock auf das Pflaster des Hofes hinunterwarfen.

Die Bergère kam unten an, wie sie wollte, oder besser gesagt: wie sie, nach dem freien Fall, konnte, und die Packer hatten die Aufgabe, sie zu reparieren, so gut sie es verstanden, und mit den Mitteln, über die sie verfügten, das heißt mit Nägeln, Leim, aus Konservenbüchsen geschnittenen Blechstreifen, Eisenstäben, Messingdraht und Stiefelwichse.

Das sah dann ganz nach der laienhaften, behelfsmäßigen Reparatur aus, wie sie ein Sakristan vorgenommen haben mochte.

Diese einwandfreie künstlerische Ausführung – und ich schwöre Ihnen, daß meine Bergères förmlich antik rochen – hatte zur Folge, daß binnen etwa anderthalb Jahren und nachdem ich fünf oder sechs Stück pro Woche geliefert hatte, sämtliche Antiquitätenhändler Frankreichs ein Muster meiner Arbeit besaßen, ohne es zu wissen.

Bekanntermaßen leiden alle Holzobjekte besonders durch Klimaschwankungen. Zerstörerisch wirkt der Wechsel zwischen Feuchtigkeit und Trockenheit, dem alte Möbel in aller Regel ausgesetzt sind. Auch diese Erscheinung aber hat Mailfert bei der Herstellung seiner Fälschungen berücksichtigt, um »natürliche Alterung« vorzutäuschen. So ließ er die nachgebauten Möbel in einen sehr feuchten Keller bringen. Was er damit bezweckte, beschreibt er wie folgt:

Er [der Keller] hatte den unschätzbaren Vorteil, eine Feuchtigkeit auszuschwitzen, die den Möbeln bis ins innerste Mark drang. Ich brauchte sie, sobald sie aus dem Keller kamen, nur ein paar Stunden an die Sonne oder in eine gut geheizte Trockenkammer zu stellen, und schon sprangen sie aus den Fugen und rissen und platzten, daß es eine Freude war.

Ich habe die jämmerlichsten Ruinen geliefert, die man sich nur vorstellen kann. Auf einigen war nicht eine Spur von der Vergoldung mehr zu sehen. Kostbare Marqueterien lösten sich in Fetzen ab, seltene Stoffe schrumpften auf die wunderbarste Weise ein, Bronzen überzogen sich mit einer natürlichen, auf andere Art nicht zu erreichenden Patina.

Zusammenfassend läßt sich sagen, daß das, was wir unter Angebotsstrategie verstehen, grundsätzlich aus zwei Tricks besteht. Zum einen wird der Käufer durch glaubwürdige Präsentation über die Herkunft eines Möbels getäuscht. Zum anderen wird das gefälschte Möbel so präpariert, daß durch natürlich erscheinende Veränderungen Originalität plausibel wird.

4.5.2 Die »Produktstrategie«

Ergänzt wird die geschilderte erste Strategie durch eine zweite, die wir Produktstrategie nennen wollen. Grundsätzlich gelten hier die gleichen Antriebskräfte, die Vermarktungsmöglichkeiten, von denen auch Mailfert bewegt wurde.

So mußte Mailfert überlegen, bei welchen Produkten mit einer guten Nachfrage zu rechnen war. Diese Produkte mußten den Geschmack der Käufer treffen und sich auch wirtschaftlich vertretbar herstellen lassen. Modern ausgedrückt, hat Mailfert die Bedürfnisstruktur seiner Kundschaft analysiert. Wovon er ausging wird in folgendem Zitat deutlich:

Dazu kommt, daß man seit etwa fünfzig Jahren mehr und mehr Sinn für geschmackvoll zusammengestellte Einrichtungen entwickelt, und da es bei uns so viele alte Wohnungen gibt – mehr als in den meisten anderen Ländern –, war es ganz natürlich, daß man nun innerhalb der Wände, die Zeugen der Vergangenheit waren, auch alte Möbel zu sehen wünschte.

Dieses bis dahin kaum je empfundene Bedürfnis, neue Zusammenstellungen zu entdecken, schärfte den Blick für den Wert unzähliger auf die Dachböden verbannter

Stücke. Man holte sie feierlich ans Licht und stellte sie wieder an den Ehrenplätzen auf, von denen sie vor ein- oder zweihundert Jahren sang- und klanglos verschwunden waren. Bald ging man dazu über, solche Möbel in der Provinz aufzustöbern, bei den Trödlern, den ›Antiquitätenhändlern‹, und für eine Zunft, die ehedem nur wenige Mitglieder gezählt und ein recht bescheidenes Ansehen genossen hatte, brachen glückliche Zeiten an.

Heute noch darf der Anbieter hochwertiger historischer Möbel von durchaus ähnlichen Motiven ausgehen, die einzig von anderen Wohnverhältnissen bestimmt werden. Alte Möbel treffen wieder den Zeitgeschmack und werden gern als Ausdruck des persönlichen Stiles, als dekorative Elemente mit dem modernen Interieur kombiniert. Besonders geeignet sind hierzu Möbel mit klarer geometrischer Gliederung, die sich gleichzeitig durch große Individualität in der Flächengestaltung mit dem natürlichen Werkstoff Holz auszeichnen.

Im Fall der Trumeaus, Bergeren und Fauteuils, die Mailfert besonders gängige Objekte waren, konnte sogar eine Serienproduktion aufgezogen werden. Das wäre aber nicht möglich gewesen, wenn er nicht über erstklassige Fachkräfte verfügt hätte, die in der Lage waren, handwerkliche Spitzenleistungen zu erbringen, nicht nur als reine Kopisten, sondern auch als Schöpfer stilgerechter Abwandlungen der Vorbilder. Im Zeitalter der Industrialisierung gab es eine Menge Handwerker, für die die Tätigkeit des Möbelfälschers die einzige und vergleichsweise lukrative Möglichkeit war, eine bezahlte Arbeit zu finden.

Etwas ähnliches scheint sich gegenwärtig zu wiederholen. Nur hat sich der örtliche Arbeitsmarkt nach Süden und Osten verschoben. Beispielsweise gibt es in den ehemaligen Ostblockländern hervorragende Fachleute, die in der Lage sind, vollkommene Fälschungen stilgerecht in Proportion und Materialien herzustellen, und die, obwohl nur mäßig bezahlt, froh über

Rustikaler, halbhoher Schrank

Wir sehen hier einen typischen Vertreter eines Möbelstils, der gemeinhin als Landhausstil bezeichnet wird. Möbel dieser Art werden sehr gerne gekauft, weil sie im Bewußtsein vieler Menschen eine gewisse Lebensart verkörpern, die einerseits von Sachlichkeit geprägt ist, andererseits aber Gefühle vermittelt, die über den modernen Alltag hinausweisen. Obendrein sind sie auch sehr praktisch. Sie können vielseitig genutzt werden, passen gut in moderne Wohnungen und sind nicht zu teuer. Durch ihre Formen, die Materialien und die unverwechselbaren Alterungsspuren verkörpern sie eine Ausstrahlung, die auch diffuse romantische Vorstellungen vergangenen ländlichen Lebens anspricht. Vor allen Dingen die Alterungsspuren sind es, die ihren Charme ausmachen. Deswegen möchte man nicht einfach Replikate besitzen, wie sie auch im Möbelhandel angeboten werden, sondern geschichtsträchtige Originale. So ist es kein Wunder, daß solche Objekte für Fälscher interessant sind. Denn aufgrund ihrer Machart können sie verhältnismäßig einfach mit modernem Maschineneinsatz nachgebaut werden. Beim vorgestellten Schrank ist altes Holz verwendet worden. Auf den ersten Blick wirkt er auch durchaus altersgemäß. Typische Fälschungsspuren offenbaren sich jedoch in Details ►68

diese Art von Gelderwerb sein dürften. Von dort stammen die besonders hochwertig erscheinenden marketierten Möbel, wie Barockkommoden, Schreibschränke und Vitrinen. Aus dem Süden stammen

Ansicht der linken, unteren Eckpartie des rustikalen Schrankes
(Abb. 168)

Daß altes Holz verwendet worden ist, zeigen die vielen freigehobelten Wurmgänge. Die Absicht, eine falsche Fährte zu legen, wird besonders deutlich an der abgefressenen Türkante mit den zwei herausstehenden Nägeln. Typisch sind auch die vorgetäuschten Gebrauchsspuren, besonders an der Sockelleiste. Verstärkt wird der Alterungseindruck noch durch vorgetäuschte Verschmutzungen, nachgebildet aus einer Mixtur brauner Farbpigmente, Schmutz und feinem Sand **169**

mehr die rustikaleren Produkte in Massivbauweise.

Knüpfen wir ein letztes Mal an Mailfert an, der die Möglichkeit der perfekten Fälschung auf den Punkt gebracht hat: »Mit Zeit und Geld läßt sich alles machen.« Wenn wir bedenken, daß er sorgfältig nachgebildete Möbel unter Verwendung alten Holzes bis zum richtig angebrachten Fliegendreck hergestellt hat, um sie anschließend wieder mehr oder weniger zu zerstören, damit sie nach einer aufwendigen Restaurierung tatsächlich als Fälschungen nicht mehr zu erkennen waren, wird deutlich, was mit dieser Aussage gemeint ist.

4.5.3 Komplettfälschungen erkennen

Heutige Komplettfälscher sind wie Mailfert durchaus in der Lage, den ersten, entscheidenden Schritt auf dem Weg zu einer guten Nachbildung zu tun. Selbst unter Berücksichtigung sehr niedriger Arbeitslöhne können sie aber kaum so weit gehen, ihre Werke wieder stark zu beschädigen oder, wie sich Mailfert ausdrückt, zu Ruinen zu machen, um sie anschließend mit großem Zeitaufwand restauriert wieder auf den Kunstmarkt zu bringen. Das heißt, grundsätzlich kann man durch analytisches Vorgehen Komplettfälschungen auf die Spur kommen. Problematisch wird das Erkennen dann, wenn die Komplettfälschung längere Zeit zurückliegt und das Möbel natürliche Alterungsspuren bekommen hat oder schon mehrfach restauratorisch überarbeitet worden ist. Nach der theoretischen Erörterung der Problematik wollen wir an verschiedenen Beispielen Komplettfälschungen vorstellen und zeigen, woran sie zu erkennen sind.

Türinnenseite des rustikalen Schrankes (Abb. 138)
Hier sieht man ganz deutlich, daß kein homogener Alterungston vorliegt, sondern zur Vortäuschung desselben mit einem Pinsel breitflächig übergesoßt worden ist **170**

Nicht immer macht ein Fälscher so grobe Schnitzer, wie im gerade besprochenen Beispiel, so daß die Fälschung förmlich ins Auge springt.

Eines zieht das andere nach sich. Für einen historischen Tisch braucht man natürlich auch die vom Stil her passenden Stühle. Und was für den Tisch gilt, gilt auch für die Stühle. Der historische Bestand kann die Nachfrage nicht befriedigen. Also werden auch die entsprechenden Sitzmöbel gefälscht, was handwerklich wiederum nicht schwierig ist.

Rustikaler Kastentisch

Sehr gerne gefälscht werden auch solche bäuerlichen Tische. Es handelt sich hier um eine altertümliche Massivholzkonstruktion, die über Jahrhunderte so verbreitet war. Tische dieser Art lassen sich mit Maschineneinsatz gut nachbilden. Überhaupt sind rustikale Eßtische sehr gefragt, die Nachfrage kann durch den historischen Bestand keineswegs befriedigt werden. Das sind nicht nur Objekte von ausgesprochen bäuerlicher Provenienz, wie dieses, sondern auch andere, große Exemplare, die als Refektoriumstische verkauft werden. Zwar lassen sich Massivholztische einfacher Bauart verhältnismäßig leicht in ihrer äußeren Form nachbilden, vorausgesetzt der Fälscher verwendet das richtige Holz und vermeidet sichtbare Maschinenspuren. Schwierig aber ist es, Gebrauchsspuren so nachzubilden, daß sie tatsächlich natürlich wirken. Man muß nämlich bedenken, daß vor allen Dingen Tischplatten, Fußbretter und Beine durch häufigen Gebrauch über lange Zeit auf eigentümliche Weise durch Abnutzung schleichend Substanz verloren haben. Dieses Abnutzungsbild durch spanabhebende Werkzeuge, charakteristisch nachzubilden, ist nahezu unmöglich, und daran erkennt ein geschultes Auge auch die Fälschung **171**

Dübelverbindungen

Wir sehen hier kreisrunde Holzdübel, wie sie in jedem Baumarkt erhältlich sind **172**

173

»Rustikaler« Stuhl im Biedermeierstil
Grundsätzlich mag es ein historisches Vorbild für diesen Stuhl geben. Allerdings erscheint diese Kreation etwas zu stark auf rustikal getrimmt zu sein. Verdächtig ist auch das verwendete Eichenholz

Im Anschluß an die gefälschten Möbel, die eher nach rationellen Fertigungsverfahren hergestellt werden können, wollen wir uns nun einem Marktsegment zuwenden, in dem handwerkliche und künstlerische Fertigkeiten in viel höherem Maß erforderlich sind. Gemeint sind furnierte Möbel in der Tradition des 18. und 19. Jahrhunderts. Wir erwähnten eingangs, daß Fälschungen solcher Möbel überwiegend aus Osteuropa stammen. Was heutzutage noch möglich ist, wenn niedrige Arbeitskosten mit handwerklichen Fähigkeiten gepaart sind, wollen wir an den folgenden Beispielen zeigen.

Alle nun im Bild vorgestellten Objekte sind Fälschungen von Grund auf, genau wie die vorher gezeigten Möbel. Auch sie sind gute Beispiele für eine gezielt umgesetzte Produktstrategie. Es handelt sich um besonders marktgängige Produkte, wie sie heutzutage in modernen Wohnungen als dekorative Ausstattungsstücke aufgestellt werden. Nebenbei bemerkt, haben diese Möbel auch einen hohen Marktwert.

Kommode im Spätbiedermeierstil
Zur Zeit sehr gefragt sind solche Herrenkommoden. Die sieben Schubladen dienten dem gepflegten Herrn ursprünglich zur Aufbewahrung der Wäsche, die an den sieben Tagen der Woche verwendet wurde. Im Kunsthandel werden derartige Objekte zwischen 8000 und 10 000 DM gehandelt **174**

Schreibschrank im Empire-Stil
Solche zeitlosen Objekte erfreuen sich heute wie damals großer Beliebtheit. Schöne Stücke wie dieses bringen im Handel sicher um die 15 000 DM **175**

**Mahagonischreib-
schrank im klas-
sischen Empire-Stil**
Für dieses Möbel gilt
das gleiche wie für
den vorangestellten
Schreibschrank. Aller-
dings hat der Fälscher
hier deutlich überzo-
gen, indem er die Intar-
sien auf Klappe und
Türen etwas zu »groß-
artig« angelegt hat.
Auch dieses sehr
gut durchgestaltete
Möbel hat einen ver-
hältnismäßig hohen
Marktwert von etwa
15 000 DM   **176**

Originelles Schreibmöbel im Empire-Stil

Dieses handwerklich-künstlerisch hochwertig gearbeitete Möbel besticht durch den einerseits streng geometrischen Aufbau, andererseits durch das Spiel mit den Halbrundformen und die aufwendigen Intarsien, die auch durchaus stilecht gelungen sind. Originale dieser Art sind dementsprechend auch besonders hochwertig und werden wohl kaum unter 40 000 DM gehandelt **177**

Schreibschrank im Barockstil
Auch dieses Möbel erfüllt hohe künstlerisch-handwerkliche Anforderungen. Es wirkt durch die typische strenge Barockgliederung in Kombination mit den Schmuckelementen ausgesprochen repräsentativ. Nicht umsonst sind solche Möbel sehr gesucht und sind wie in diesem Falle sicher nicht unter 50 000 DM zu haben **178**

Schreibschrank im Barockstil
Was Qualität und Wert betrifft, gelten auch für dieses Möbel ähnliche Maßstäbe wie für den Schreibschrank im vorigen Beispiel **179**

Die vorangegangenen Bilder sind sicher recht eindrucksvoll, denn sie zeigen, wozu osteuropäische Handwerker, die diese Möbel in einer Art Manufakturfertigung hergestellt haben, handwerklich und künstlerisch in der Lage sind.

Obendrein wirken sie auf den ersten Blick keineswegs wie Stilmöbelreplikate aus Fabrikfertigung, so daß ein gutgläubiger Käufer zu spontaner Kaufentscheidung leicht verführt werden und damit eine Menge Geld verlieren kann. Es ist daher notwendig, sich nicht von der Begeisterung, ein besonderes Stück zu einem besonders günstigen Preis erwerben zu können, hinreißen zu lassen.

Wie leicht man auf Angebotsstrategien à la Mailfert hereinfallen kann, dürfte deutlich geworden sein. Aber wenn man nüchtern bleibt, kann man, wie wir schon erwähnt haben, durch gründliches, analytisches Vorgehen Komplettfälschungen auf die Spur kommen.

Im folgenden wollen wir an einem Beispiel aus osteuropäischer Fertigung ganz typische Indikatoren zeigen, die in ihrer Summe den Nachweis einer Fälschung möglich machen.

Skepsis ist bei besonders makellosen alten Möbeln immer angebracht. Natürlich können sie echt sein, vielleicht haben sie tatsächlich einen Dornröschenschlaf hinter sich. Doch leider gibt es so etwas in der Regel nur im Märchen. Wahrscheinlicher ist es, daß man es mit einem überrestaurierten Möbel zu tun hat, bei dem die Gebrauchs- und Alterungsspuren im großen Stil entfernt oder optisch geschönt worden sind. Auch der vollständige Neuaufbau einer Schellackpolitur, womöglich mit vorangegangenem Schleifen der Holzoberfläche, führt zu einer unnatürlich wirkenden, »zu schönen« Erscheinung eines alten Möbels.

Für Gewißheit, ob es sich womöglich um eine Totalfälschung handelt, kann nur eine genaue Untersuchung sorgen. Dabei allerdings ist in aller Regel der Laie überfordert, denn um hinter die Fassade zu schauen, ist das Wissen eines erfahrenen Möbelrestaurators notwendig. Auch ein ausgewiesener Kunstkenner ist nicht ohne weiteres in der Lage eine gute Fälschung zu erkennen. Um dem Fälscher wirklich auf die Schliche zu kommen, ist es im Zweifelsfalle unbedingt erforderlich, einen erfahrenen Möbelrestaurator zu Rate zu ziehen. Er ist in der Lage zu prüfen, welche Techniken bei der Möbelherstellung angewandt worden sind. Er weiß, wo die Stellen zu finden sind, bei denen Fälscher glauben, sich wenig Mühe geben zu müssen. Schließlich vermag der Restaurator auch anhand typischer Gebrauchsspuren, die historische Substanz eines Möbels zu beurteilen.

Zunächst sind die Beschläge einer näheren Untersuchung wert. Es ist durchaus üblich, daß Originalbeschläge aus der entsprechenden Epoche verwendet werden. Auch ist ein nachgemachter Beschlag allein noch kein Grund, eine totale Fälschung zu vermuten. Denn Beschläge können ja verloren gehen und müssen dann ersetzt werden. Aber unter neu angefertigten oder übernommenen Schlössern, Bändern, Riegeln, Schlüsselschildern, Griffen werden bei einer Fälschung keine Spuren der Originalbeschläge zu finden sein, weder Konturen noch Schrauben- oder Nagellöcher.

Nachgebildetes Kastenschloß 180

Keine Spuren eines früheren Schlosses

Selbstverständlich verwenden die Fälscher altes Holz, das sie aus wertlosen Möbeln entnehmen. Gleichwohl muß es für die Konstruktion zurecht geschnitten werden. Dabei läßt es sich nicht vermeiden, daß die Schnittkanten deutlich heller erscheinen als die Oberflächen. Sie müssen durch künstliche Mittel wie Beizen und Lasuren auf alt getrimmt werden, was dem geschulten Auge allerdings nicht verborgen bleibt.

Helle Schnitt-kanten an altem Holz **182**

Sehr verdächtig sind auch sichtbare Wurmgänge im Innenraum eines Möbels. Mit Sicherheit ist dieses Holz bearbeitet worden, denn natürlicher Holzwurmbefall zeigt sich an der Holzoberfläche durch kreisrunde Löcher (vgl. Abb. 13). Der Holzwurm legt seine verzweigten Fraßgänge knapp unter der Holzoberfläche an, und deswegen werden durch das Abschleifen die Fraßgänge der Länge nach freigelegt (vgl. Abb. 101).

Ein weiterer Indikator sind Spuren rationeller Fertigungsmethoden. Die Kreissäge etwa wurde erst im 19. Jahrhundert entwickelt. Ihr Gebrauch hinterläßt typische Spuren, die nur durch aufwendige Nachbearbeitung beseitigt werden können.

Mit der Kreissäge genuteter Schubkasten als Geheimfach (vgl. auch Abb. 149) **183**

Glauben die Fälscher sicher sein zu können, daß der Maschineneinsatz unsichtbar bleibt, dann vermeiden sie die aufwendigen Handwerkstechniken auf geradezu primitive Weise, und trotzdem wird der geforderte äußere Eindruck erreicht. Beispielsweise ist die Herstellung geschweifter Möbelflächen in Originaltechnik, etwa von Schubkastenvorderstücken an Barockmöbeln, besonders zeitaufwendig. Für den Fälscher von Vorteil ist es, daß das Konstruktionsholz außen furniert wird. Somit kann er seine moderne Arbeitsweise zuverlässig unsichtbar machen, solange eben nicht nachgeforscht wird.

Traditioneller Handwerkstechnik entsprechend hätte das zu furnierende Vorderstück aus einem Block herausgesägt werden müssen, wobei zu bedenken ist, daß dieser Block seinerseits aus Leisten ziegelartig aufgebaut werden mußte. Viel einfacher ist hier die Fälschung. Statt eines Blocks genügt ein zwei Zentimeter dickes Holzstück. Um die Schweifung möglich zu

machen, wurden nebeneinander liegende tiefe Einschnitte mit der Kreissäge vorgenommen. Das auf diese Weise labil gemachte Holz konnte nun beliebig in Form gebogen werden. Der Betrug ließ sich nicht nur durch das Furnier, sondern auch durch den Schubkastenboden und die aufgesetzte obere Kante leicht verdecken.

Aus Gründen der Zeitersparnis wird an anderen Stellen Massivholz wiederum großflächiger verwendet als dies ursprünglich der Fall war.

Das im Bild gezeigte Kranzprofil hätte eigentlich aus vielen Segmenten mit aufrechter Maserung zusammengesetzt werden müssen.

Geschweiftes Schubkastenvorderstück, mit Hilfe der Kreissäge einfach und schnell hergestellt **184**

Nicht segmentiertes Kranzprofil **185**

Traverse mit eingekrazten »Gebrauchsspuren« 186

Ein weiterer wichtiger Indikator für Fälschungen sind fehlende oder vorgetäuschte Gebrauchsspuren. Sehr häufig finden sich überhaupt keine alterstypischen Gebrauchsspuren an den Schubladen und deren Führungen. Teilweise jedoch wird versucht, durch Einkratzen solche vorzutäuschen

Später stimmen dann jedoch oft die Spuren auf den Traversen mit jenen auf den Schubkastenböden nicht überein. Vielfach zeigen bewegliche Konstruktionselemente auch eine Scharfkantigkeit, die nicht für einen langen Gebrauch spricht. Beliebt sind daneben Tinten- und Wasserflecken sowie vorgetäuschte Verschmutzungen, beispielsweise mit einer Lasur ausgestrichene Schubkastenecken.

Vorgetäuschte Verschmutzungen im Innern eines Schubkastens 187

Anhang

Mit den, wie wir denken, sehr aussagekräftigen Bildern zur Möbelfälschung hat sich der Themenkreis unseres Buches geschlossen. Wir haben versucht, Ihnen einen Begriff vom eigentlichen Wert historischer Möbel zu vermitteln. Wir haben gezeigt, wie deren Ausstrahlung bis zur völligen Denaturierung verfälscht und in welchem Umfang historische Substanz sogar vorgetäuscht werden kann.

Auf der anderen Seite haben wir versucht aufzuzeigen, was nach heutigem Wissensstand getan werden kann, unwiederbringliche, originale Substanz historischer Möbel zu schützen und auf lange Sicht zu erhalten.

Unser Buch hat aber nur dann seinen Zweck erfüllt, wenn es auch praktische Hilfe bieten kann, in den Situationen, in die Sie als Liebhaber historischer Möbel kommen müssen; nämlich dann, wenn Sie ein altes Stück erwerben wollen, oder sich die Frage der Restaurierung stellt. Damit Sie in solchen Fällen leichter auf die vielen Informationen, die wir vor Ihnen ausgebreitet haben, zurückgreifen und sie praktisch einsetzen können, wollen wir in Form eines kleinen Leitfadens die wesentlichen Kriterien zusammenfassen, die Sie beachten sollten, wenn sie historische Möbel kaufen oder restaurieren lassen wollen.

I. Was Sie beim Kauf historischer Möbel beachten sollten

1. Schauen Sie sich die Oberflächen kritisch an!

– Sind größere Flächen völlig eben, gleichmäßig glänzend?
– Fühlen Sie keine Unebenheiten, wenn Sie mit der Hand darüber streichen?
– Stellen Sie zusätzlich keine Gebrauchsspuren wie Druckstellen, Kratzer und Verfärbungen fest?

– Ist das Furnier ganz oder teilweise schon sehr dünn?
– Sind farbliche Retuschen angebracht?
– Fallen starke Farbkontraste zwischen den verwendeten Holzarten auf, vor allem bei Marketerien?
– Erscheint das Farbspiel gemaserten Holzes unnatürlich? (vgl. Kapitel 3, Abb. 147)
– Sind Profile und vorspringende Bauteile an ihren Kanten abgerundet?

Vorsicht, wenn einige dieser Fragen mit »Ja« beantwortet werden müssen! Sie haben es dann mit einem zu makellosen Möbel zu tun. Es ist zumindest überrestauriert worden, wenn es sich nicht gar um ein ganz oder teilweise gefälschtes Objekt handelt. Besonders gravierend, was den Wert historischer Möbel betrifft, ist fehlende plastische Patina (vgl. Punkt 1.2.2).

2. Wenden Sie Ihren kritischen Blick auf die vorliegende Holzsubstanz!

– Besteht der Verdacht, daß größere Teile neu angefertigt worden sind (Platten, Rückwände, Seitenteile, Schubkästen, Türen, Zargen an Tischen oder Stühlen)? Schauen Sie dann das Innere des Möbels genau an!
– Ist das Konstruktionsholz glatt?
– Zeigt es keine Schwundfugen?
– Ist es dunkelbraun eingefärbt?
– Sind Spuren moderner Holzbearbeitungsmaschinen zu sehen?
– Sieht man in Längsrichtung freigelegte Holzwurmgänge?
– Finden sich vereinfachte Holzkonstruktionen (etwa stumpfe, statt gezinkte Verbindungen an Schubkästen)?
– Sind moderne Hilfsmittel wie Holzdübel, Nägel oder Schrauben verwendet worden?

Wenn Sie Befunde dieser Art feststellen, haben Sie es auf keinen Fall mit einem hstorischen Original zu tun. Vielmehr sind Neuteile zur Komplettierung eingefügt worden (vgl. Abschnitt 4.3).

3. Achten Sie auf das Vorhandensein gebrauchstypischer Spuren!

Gemeint sind hier funktionsbedingte Abnutzungs- und Schleifspuren, etwa an den Unterseiten von Schubkästen und Türen, ebenso an den Laufleisten der Schubkästen. Typische Abnutzungsspuren finden sich auch im Bereich der Schlösser und Griffe oder in Form abgestoßener und abgegriffener Kanten, beispielsweise an Stuhllehnen, Platten oder an Möbelbeinen.

Sind Spuren dieser Art nicht vorhanden, ergibt sich ebenso der Verdacht auf Überrestaurierung oder Fälschung. Unbedenklich, da zu den üblichen und notwendigen Maßnahmen gehörend, sind etwa neu eingesetzte Laufleisten oder Aufleimungen an den Unterkanten von Schubkästen.

4. Versuchen Sie, möglichst viel über Herkunft und Geschichte des Möbels zu erfahren!

– Nicht immer dürfen Sie mit einer exakten Antwort auf die Frage nach dem Vorbesitzer rechnen, denn im Kunsthandel ist manchmal Diskretion notwendig.
– Aber genaue Informationen über regionale Herkunft und Herstellungszeit dürfen Sie schon erwarten.
– Seien Sie mißtrauisch, wenn Ihnen nebulöse Angaben gemacht oder rührende bis abenteuerliche Geschichten aufgetischt werden!
– Vorsicht ist auch am Platze, wenn Objekte als besondere Gelegenheiten zu sehr günstigen Preisen angeboten wer-

den. In diesem Zusammenhang sollte auch auf die Reputation des Anbieters geachtet werden. Ihr Risiko wird kleiner, wenn Sie im seriösen Kunsthandel kaufen, oder auf Messen, wo die Ware der Anbieter durch eine Jury von Fachleuten begutachtet und freigegeben worden ist.
– Meistens haben Sie es mit schon restaurierten Möbeln zu tun. Verlangen Sie eine Dokumentation der letzten Restaurierung! Auch wenn dies leider noch nicht gängige Praxis ist, tun Sie es trotzdem! Geben Sie sich nicht mit irgendwelchen Expertisen oder Fotos des Objekts vor der Restaurierung zufrieden. Bestehen Sie, besonders bei teuren, handwerklich-künstlerisch hochwertigen Stücken, auf eine aussagefähige Restaurierungsdokumentation (vgl. Abschnitt 3.3)!

5. Schrecken Sie nicht vor Möbeln zurück, die überhaupt nicht oder seit längerer Zeit nicht mehr restauriert worden sind!

Suchen Sie gezielt nach solchen Möbeln, die Sie seltener im Kunsthandel, eher schon auf Auktionen finden können. Besonders anzuraten ist dies bei volkstümlich/bäuerlichen Möbeln und bei Möbeln aus der Zeit des Historismus, auch Gründerzeit genannt, die vielfach mit Brachialmethoden wie Ablaugen, Schleifen, Bürsten und dergleichen, dem gängigen Zeitgeschmack enstsprechend, auf rustikalen Landhausstil getrimmt werden.

6. Ziehen Sie im Zweifelsfall vor der Kaufentscheidung einen Fachmann zu Rate, am besten einen Möbelrestaurator!

II. Was Sie beachten sollten, wenn Sie ein Möbel restaurieren lassen wollen

1. Wählen Sie einen Fachmann aus, der im Sinne verantwortungsbewußter Möbelrestaurierung arbeitet!

– Adressen guter Restaurierungsateliers erhalten Sie am besten, wenn Sie an folgenden Stellen nachfragen:

a) Museen mit kunsthandwerklichen Beständen
b) Bei den Fachverbänden der Restauratoren (zum Beispiel AdR, DVFR)
c) Bei den Fachhochschulen in Köln und Hildesheim
d) Bei den Landesämtern für Denkmalpflege
e) beim seriösen Kunsthandel und bei Auktionshäusern.

2. Schauen Sie sich die Ateliers an und lassen Sie sich restaurierte Möbel und Dokumentationen zeigen!

3. Besprechen Sie mit dem Restaurator die mögliche Restaurierungskonzeption und die mit ihr verbundenen Restaurierungsmaßnahmen. Selbstverständlich ist auch ein verbindlicher Kostenvoranschlag!

4. Vereinbaren Sie mit dem Restaurator die Erstellung einer vollständigen Restaurierungsdokumentation, die, wie in Kapitel 3 beschrieben, die Untersuchung, die Entwicklung einer Konzeption und die Restaurierungsmaßnahmen umfaßt!

III. Erklärung technischer Fachbegriffe

Die in den folgenden Katalog aufgenommenen Begriffe beschränken sich in ihrer Auswahl vorwiegend auf solche, die mit der Möbelkonstruktion im handwerklichen Sinn zu tun haben.

Aufdoppelung
Flächiges Aufsetzen von Holzteilen aller Art. Methode zur Verstärkung der Konstruktion, etwa an Böden zur Befestigung von Füßen, oder zum Anbringen von Gestaltungselementen

Ausspanen
Einsetzen von Holzstreifen in Schwundrisse und Schwundfugen

Blindholz
Konstruktionsholz, meistens Weichholz, das durch Furniere und andere Schmuckelemente auf den Schauflächen verdeckt wird

Falz/Falzen
Rechteckiger Ausschnitt, an Brettkanten verlaufend. Umlaufende Falze dienen beispielsweise zum Einlegen von Füllungen oder Glasscheiben

Faserverlauf
Grobstruktur des Holzes in Wachstumsrichtung; je nach Holzart unterschiedliche Faserlänge und Dichte

Feder
Gegenstück zur Nut. Als Holzleiste in Nutdicke bildet sie die Verbindung zweier genuteter Teile, angewandt zum Beispiel bei Parkettelementen. Als angehobelte Feder greift sie in die Nut des Gegenstückes ein → Nuten

Fries
Rahmenteil, vertikal oder horizontal verlaufend

Fügen
Aneinandersetzen von Holzstreifen nach dem Hobeln der Seitenflächen zu Platten

Füllung/Füllungsfeld/Füllungstafel
In Rahmen eingesetzte Platten in unterschiedlichen Techniken → Nut → Falz

Furnier
Dünne Holzplatten, in der Regel in Faserrichtung geschnitten. Früher nur in Sägetechnik hergestellt, in drei bis fünf Millimeter Dicke; heute maschinell durch Messern oder Schälen wesentlich dünner → Marketerie → Intarsie → Faserverlauf

Gehrung
Verbindung von Holzteilen unter verschiedenen Winkeln, üblich bei sichtbaren Rahmen

Graten/Gratleiste
Methode, das Werfen gefügter Platten zu verhindern. Eine meist trapezförmige Nut wird quer zur Faserrichtung ausgearbeitet. Als Gegenstück wird eine entsprechend profilierte Leiste, die Gratleiste, eingeschoben

Hirnholz
Die Fläche, die beim Schnitt quer zur Faserrichtung entstanden ist

Intarsie/Intarsieren
Ein eingelegtes Ornament beliebiger Form in unterschiedlichen Materialien. Aus der Oberfläche, in der Regel Furnier, wird die Kontur ausgeschnitten, das ausgesägte Intarsienstück möglichst konturgenau eingesetzt → Marketierung → Furnier

Kastenbauweise
Konstruktionsprinzip von Möbelkörpern. Bretter werden stumpf zu Platten gefügt, diese dann zu einem kastenförmigen Rahmen, meistens durch Zinken verbunden. Die Stabilisierung und Raumaufteilung erfolgt durch Rückwand und Traversen → Traverse → Zinken

Korpus
Möbelgrundkörper → Kastenbauweise → Stollenbauweise

Laufleisten
Bilden die Gleitschienen der Schubkästen. Sitzen in der gleichen Nut im Anschluß an die Traversen oder zwischen Stollen

Marketierung/Marketieren
Auf das Konstruktionsholz aufgeleimter Furnierbelag, bestehend aus größeren oder kleineren Furnierstücken unterschiedlichster Holzarten, gestalterisch zu einem Bild zusammengesetzt → Intarsie → Furnier

Maserierung/Maserieren
Maltechnik zur Nachahmung einer gewünschten »aufwertenden« Maserung, typisch bei volkstümlichen Massivholzmöbeln in Fichtenholz

Maserung
Oberflächenzeichnung des Holzes, abhängig von Farbkontrasten, Art der Faser, Wachstumsgeschwindigkeit, Dichte, Abstand der Jahresringe und Schnittebene durch das Holz → Faserverlauf

Nuten
Konstruktionsverbindung zwischen Bauteilen über eine längliche, meist rechteckige Aussparung, der Nut, und einem entsprechend vorbereiteten Gegenstück. In loser Verbindung: Füllungstafel in genutetem Rahmen, Schubkastenboden in umlaufender Nut. In fester Verbindung: Seitenwände in genuteten Stollen → Feder

Stollenbauweise
Konstruktionsprinzip von Möbelkörpern. Namensgebende Elemente sind die selbständige Einheiten bildenden Seitenteile mit betonten Eckstützen, die als Stollen bezeichnet werden und die auch die Möbelbeine bilden. Die Flächen zwischen den Stollen können unterschiedlich gestaltet sein. Die Verbindung der Seitenteile und die Raumaufteilung des Innenraumes zur

Aufnahme von Schubkästen, Türen oder Kastenelementen erfolgt durch Zargen und Platten → Zarge → Kastenbauweise

Schlagleiste
Aufgedoppelte Holzleiste an einer Türkante zur Überdeckung des Türspaltes

Stemmen/Ausstemmen
Herausarbeiten von Vertiefungen oder Durchbrüchen aller Art mit dem Stemmeisen

Streifleisten
Seitliche Führungsleisten der Schubkästen

Traverse
Unterteilungs und Stabilisierungselement vornehmlich bei der Kastenbauweise von Möbelkörpern. Das Traversalbrett wird mit der Schmalseite in die vorbereitete Nut der Innenseitenflächen eingeschoben und verleimt → Zarge → Laufleisten

Überblattung/Überblatten
Verbindungstechnik, überwiegend für rechtwinklige Rahmenkonstruktionen. Jeweils die Hälfte der Materialdicke wird von den zu verbindenden Rahmenfriesen bis zur Breite der Gegenstücke abgenommen. Die ausgesparten Stellen übereinandergelegt ergeben dann wieder die Materialstärke

Zapfen/Verzapfen
Holzverbindung, bei der ein Teil in ein anderes eingesteckt oder durchgeschoben wird. Bei durchgeschobenen Zapfen ist eine Keilsicherung üblich, typisch für volkstümliche/bäuerliche Tischgestelle und Bänke

Zarge
Stabilisierungs- und Befestigungskonstruktion vertikaler Bauteile durch quer dazu verlaufende Friese, zum Beispiel an Untergestellen von Tischplatten und Stühlen → Stollenbauweise

Zinken
Hochwertige, sehr haltbare Eckverbindung von Möbelbauteilen in verschiedenen geraden oder prismatischen Formen, in offener oder halbverdeckter Ausführung